Kauderwelsch
Band 113

Impressum

Regine Rauin
Spanisch für Costa Rica - Wort für Wort
erschienen im
REISE KNOW-HOW Verlag Peter Rump GmbH
Osnabrücker Str. 79, D-33649 Bielefeld
info@reise-know-how.de

4. Auflage 2004

Bearbeitung Michael Blümke
Layout Kerstin Belz
Layout-Konzept Günter Pawlak, FaktorZwo! Bielefeld
Umschlag Peter Rump (Titelfoto: Regine Rauin)
Kartographie Ian Macneish
Fotos Regine Rauin
Druck und Bindung Wilhelm & Adam, Heusenstamm; Buchbinderei Keller, Fulda

ISBN 3-89416-315-1
Printed in Germany

Dieses Buch ist erhältlich in jeder Buchhandlung der BRD, Österreichs, der Schweiz und der Benelux. Bitte informieren Sie Ihren Buchhändler über folgende Bezugsadressen:
BRD Prolit GmbH, Postfach 9, 35461 Fernwald (Annerod) sowie alle Barsortimente
Schweiz AVA-buch 2000, Postfach 27, CH-8910 Affoltern
Österreich Mohr Morawa Buchvertrieb GmbH, Sulzengasse 2, A-1230 Wien
Belgien & Niederlande Willems Adventure, Postbus 403, NL-3140 AK Maassluis
direkt Wer im Buchhandel kein Glück hat, bekommt unsere Bücher zuzüglich Porto- und Verpackungskosten auch direkt beim **Rump Direktversand**, Heidekampstraße 18, D-49809 Lingen oder über unseren Internet-Shop: **www.reise-know-how.de**
Zu diesem Buch ist ein **Tonträger** erhältlich, ebenfalls in jeder Buchhandlung der BRD, Österreichs, der Schweiz und der Beneluxländer.
Der Verlag möchte die **Reihe Kauderwelsch** weiter ausbauen und **sucht Autoren**!
Mehr Informationen finden Sie auf unserer Internetseite
www.reise-know-how.de/buecher/special/schreiblust-inhalt.html

Kauderwelsch

Regine Rauin

Spanisch für Costa Rica

Wort für Wort

Reise Know-How
im Internet
www.reise-know-how.de
info@reise-know-how.de

Aktuelle Reisetipps und Neuigkeiten, Ergänzungen nach Redaktionsschluss, Büchershop und Sonderangebote rund ums Reisen

Kauderwelsch-Sprechführer sind anders!

Warum? Weil sie Sie in die Lage versetzen, wirklich zu sprechen und die Leute zu verstehen.

Wie wird das gemacht? Abgesehen von dem, was jedes Sprachbuch bietet, nämlich Vokabeln, Beispielsätze etc., zeichnen sich die Bände der Kauderwelsch-Reihe durch folgende Besonderheiten aus:

Die **Grammatik** wird in einfacher Sprache so weit erklärt, dass es möglich wird, ohne viel Paukerei mit dem Sprechen zu beginnen, wenn auch nicht gerade druckreif.

Alle Beispielsätze werden doppelt ins Deutsche übertragen: zum einen **Wort-für-Wort**, zum anderen in „ordentliches" Hochdeutsch. So wird das fremde Sprachsystem sehr gut durchschaubar. Denn in einer fremden Sprache unterscheiden sich z. B. Satzbau und Ausdrucksweise recht stark vom Deutschen. Ohne diese Übersetzungsart ist es so gut wie unmöglich, schnell einzelne Wörter in einem Satz auszutauschen.

Die **Autorinnen** und **Autoren** der Reihe sind Globetrotter, die die Sprache im Land selbst gelernt haben. Sie wissen daher genau, wie und was die Leute auf der Straße sprechen. Deren Ausdrucksweise ist nämlich häufig viel einfacher und direkter als z. B. die Sprache der Literatur oder des Fernsehens.

Besonders wichtig sind im Reiseland **Körpersprache, Gesten, Zeichen** und **Verhaltensregeln**, ohne die auch Sprachkundige kaum mit Menschen in guten Kontakt kommen. In allen Bänden der Kauderwelsch-Reihe wird darum besonders auf diese Art der nonverbalen Kommunikation eingegangen.

Kauderwelsch-Sprechführer sind keine Lehrbücher, aber viel mehr als Sprachführer! Wenn Sie ein wenig Zeit investieren und einige Vokabeln lernen, werden Sie mit ihrer Hilfe in kürzester Zeit schon Informationen bekommen und Erfahrungen machen, die „taubstummen" Reisenden verborgen bleiben.

Inhalt

Grammatik

Vorwort

Costa Rica ist als Reiseland relativ neu entdeckt und bietet daher noch viel unberührte Natur und nur wenige große Hotelanlagen. Der Hauptanziehungspunkt Costa Ricas ist sicherlich die Natur, denn vom immeraktiven Vulkan Arenal mit seinen nächtlichen Ausbrüchen, über jede Art von Urwald (Regenwald, Trockenwald, Nebelwald), wunderschönen Stränden und einer Reihe vulkandurchsetzter Gebirgszüge, bietet Costa Rica eine unglaubliche Vielfalt. Alte Kulturen wird man hingegen weniger entdecken können, es gibt zwar einige wenige Orte, an denen man noch den indianischen Einfluss spüren kann, dies ist aber sicher nicht eine der Hauptattraktionen. Costa Rica ist ein Land für Individualreisende, da man fast alle Orte gut mit öffentlichen Verkehrsmitteln erreichen kann und auch die Touren kurzfristig gebucht werden können.

Will man sich jedoch „allein" durchschlagen, sollte man sich zumindest ein wenig in der Landessprache ausdrücken können. Dabei wird man auch schnell erfahren, wie mitteilsam und aufgeschlossen die **ticos**, die Einwohner Costa Ricas, werden, wenn man sich mit ihnen in ihrer Muttersprache unterhält. Viele sprechen zwar auch Englisch, aber dadurch liegt leicht der Verdacht nahe, dass man ein gringo ist und denen wird immer noch mit Skepsis entgegengetreten.

Der Kauderwelschband „Spanisch für Costa Rica“ wendet sich an Spanisch-Einsteiger sowie diejenigen, die schon Spanisch sprechen. Die einleitende Grammatik gibt einen Überblick über die Grundregeln des Spanischen mit vielen praktischen Anwendungsbeispielen. Die folgenden Konversationskapitel sind auf alle Situationen zugeschnitten, mit denen man als Tourist in Berührung kommt. Durch den einfachen Satzaufbau sind sie für jedermann leicht verständlich. Der lockere Ton macht es leicht, sich in die Besonderheiten des in Costa Rica gesprochenen Spanisch einzufinden. Hilfestellung leistet auch der Vokabelteil am Schluss des Bandes. Die eingeschobenen Zusatzinformationen geben hilfreiche Tipps zu den entsprechenden Alltagssituationen. So hoffe ich, einen Einblick in die Sprach- und Lebensgewohnheiten der ticos zu verschaffen, ohne den Anspruch auf Vollständigkeit zu erheben.

Weitere Ausblicke geben die Teile mit Ausdrücken in Pachuco, wie sich der Slang der Landbevölkerung nennt. Denn gerade „auf der Straße“ wird man schnell feststellen, dass man auch mit guten Spanisch-Kenntnissen einfach nichts versteht.

Also dann: Viel Spaß beim Lesen, Lernen und Anwenden und dass Sie immer ein fröhliches pura vida auf den Lippen haben.

Regine Rauin

Hinweise zur Benutzung

Der Kauderwelsch-Band „Spanisch für Costa Rica“ ist in drei wichtige Abschnitte gegliedert:

Grammatik

Die Grammatik beschränkt sich auf das Wesentliche und ist so einfach gehalten wie möglich. Sie will zunächst mit den wesentlichen Regeln des in Costa Rica gesprochenen Spanisch vertraut machen. Viele grammatikalische Erscheinungen, zumal Ausnahmen und sprachliche Feinheiten, müssen bei dieser knappen Darstellung naturgemäß unberücksichtigt bleiben. Aber auch so bietet dieser Abschnitt genügend Stoff, der sicher nicht bei einmaligem Durchgang zu bewältigen, sondern wohl eher Schritt für Schritt unter ständiger Bezugnahme auf den Konversationsteil zu erarbeiten ist. Wer sich intensiver mit der Grammatik des Spanischen beschäftigen will, kann auf die in großer Zahl vorhandenen Lehrbücher zum Spanischen allgemein zurückgreifen.

Konversation

Im Konversationsteil finden Sie Sätze aus dem Alltagsgespräch, die Ihnen einen ersten Eindruck davon vermitteln sollen, wie die spanische Sprache funktioniert und die Sie auf das vorbereiten sollen, was Sie später in Costa Rica hören werden.

Wort-für-Wort-Übersetzung

Jede Sprache hat ein typisches Satzbaumuster. Um die sich vom Deutschen unterscheidende Wortfolge der spanischen Sätze besser durchschauen zu können, ist die Wort-für-Wort-Übersetzung in kursiver Schrift hinzugefügt. Jedem spanischen Wort entspricht ein Wort in der Wort-für-Wort-Übersetzung. Wird ein spanisches Wort im Deutschen durch zwei Wörter wiedergegeben, werden diese zwei Wörter in der Wort-für-Wort-Übersetzung mit einem Bindestrich verbunden.

¿Hay un hotel aquí?
(es-)hat ein Hotel hier
Gibt es hier ein Hotel?

Werden in einem Satz mehrere Wörter genannt, die man untereinander austauschen kann, steht ein Schrägstrich zwischen diesen:

Soy alemán/suizo/austríaco.
(ich-)bin Deutscher/Schweizer/Österreicher
Ich bin Deutscher/Schweizer/Österreicher.

In Sätzen mit dem Tätigkeitswort „sein" macht es einen Unterschied, ob eine Frau oder ein Mann den betreffenden Satz spricht, ob eine Frau oder ein Mann angesprochen wird, oder ob man über eine Frau oder einen Mann spricht. Im spanischen Satz und in der Wort-für-Wort-Übersetzung werden beide Formen wie folgt angegeben:

Estoy cansado/cansada.
(ich-)bin müde (m/w)
Ich bin müde.

Seitenzahlen

Um Ihnen den Umgang mit den Zahlen zu erleichtern, wird auf jeder Seite die Seitenzahl auch in Spanisch angegeben!

Hier spricht ein Mann die Variante vor dem Schrägstrich, eine Frau jedoch die Form nach dem Schrägstrich!

Mit Hilfe der Wort-für-Wort-Übersetzung können Sie bald eigene Sätze bilden. Sie können die Beispielsätze als Fundus von Satzschablonen und -mustern benutzen, die Sie selbst Ihren Bedürfnissen anpassen. Um Ihnen das zu erleichtern, ist ein erheblicher Teil der Beispielsätze nach allgemeinen Kriterien geordnet („bitten, danken, wünschen", „begrüßen & verabschieden" usw.). Mit etwas Kreativität und Mut können Sie sich neue Sätze zusammenbauen, auch wenn das Ergebnis nicht immer grammatikalisch perfekt ausfällt.

Wörterlisten

Die Wörterlisten am Ende des Buches helfen Ihnen dabei. Sie enthalten einen Grundwortschatz von je ca. 1000 Wörtern Deutsch-Spanisch und Spanisch-Deutsch, mit denen man schon einen Großteil der Gesprächssituationen meistern kann.

Umschlagklappe

Die Umschlagklappe hilft, die wichtigsten Sätze und Formulierungen stets parat zu haben. Hier finden sich außerdem die wichtigsten Angaben zur Aussprache und die Abkürzungen, die in der Wort-für-Wort-Übersetzung und in den Wörterlisten verwendet werden; weiterhin eine kleine Liste der wichtigsten Fragewörter, Richtungs- und Zeitangaben. – Wer ist nicht schon einmal aufgrund missverstandener Gesten im fremden Land auf die falsche Fährte gelockt worden?

Aufgeklappt ist der Umschlag eine wesentliche Erleichterung, da nun die gewünschte Satzkonstruktion mit den entsprechenden Vokabeln aus den einzelnen Kapiteln kombiniert werden kann.

Wenn alles nicht weiterhilft, dann ist das Kapitel „Nichts verstanden? – Weiterlernen!" der richtige Tipp. Es befindet sich ebenfalls im Umschlag, stets bereit, mit der richtigen Formulierung für z. B. „Ich verstehe leider nicht." oder „Können Sie das bitte wiederholen?" auszuhelfen.

Sprachen Costa Ricas

Die offizielle Landessprache Costa Ricas ist Spanisch, español genannt. Daneben gibt es auch einige indigene Sprachen. Im Verhältnis zu seinen Nachbarländern findet man in Costa Rica wenige kulturelle und somit auch sprachliche Überreste der alten indigenen Kulturen. Der Bevölkerungsanteil, der diese Dialekte noch spricht ist dementsprechend gering.

Die Cordillera de Talamanca ist die letzte Siedlungsstätte der Indios. Durch diesen Gebirgszug getrennt, entwickelte sich auf der atlantischen Seite das Bibri und auf der pazifischen Seite das Cabecar. Mit den Indios in Kontakt zu treten ist allerdings schwierig, da sie in der Talamanca in Reservaten leben, die Außenstehende zum Schutz der Indios nur mit Sondergenehmigungen betreten dürfen.

Eine ganz eigene Sprache findet man an der Karibikseite in der Gegend von Limon, Puerto Viejo und Cahuita. Dort leben viele aus der Karibik eingewanderte Schwarze, die man als Arbeitskräfte zum Bau der Eisenbahn und später als Arbeiter auf den großen Plantagen ins Land geholt hat. Sie haben ein Gemisch aus dem Spanischen, Jamaikanischen und dem amerikanischen Englisch gebildet, das sogenannte Patua. Im nördlichen Teil Costa Ricas, in der Gegend von Quatuzo (ausgesprochen: watuso) hat sich der Dialekt Maleco erhalten und in Margarita und Umgebung spricht man Palenque.

Costaricanismen

Die in diesem Kapitel vorgestellten Ausdrücke umfassen zwei Bereiche:

Vieles wird in Costa Rica anders bezeichnet als in Spanien. So heißt z. B. „Auto“ im Spanischen coche, im Costaricanischen aber carro. Meist werden die spanischen Bezeichnungen jedoch ebenfalls verstanden.

Es gibt einige aus dem Englischen übernommene aber meist verfremdete Wörter, die man der spanischen Schreibweise angepasst hat.

Spezifisch costaricanische Ausdrücke für Gegenstände, Personen oder Zustände, die nur Costa Rica betreffen, gibt es nicht, da die alten Kulturen durch moderne Einflüsse fast völlig verschwunden sind.

Costaricanismen

vom Spanisch Spaniens abweichendes Vokabular

Spezifisch costaricanische Begriffe sind leider aufgrund des Kulturverfalls und der Orientierung an anderen Vorbildern, wie z. B. den USA, verlorengegangen.

Costaricanisch	Spanisch	Deutsch
zopilote (*m*)	**buitre** (*m*)	Aasgeier
carro	**coche**	Auto
macho	**rubio**	blond; Blonder
birra	**cerveza**	Bier
timbre (*m*)	**sello**	Briefmarke
boleto	**entrada**	Eintrittskarte
boleto	**billete** (*m*)	Fahrkarte
hule (*m*)	**goma**	Gummi
choza	**casa**	Haus
chapulin	**asaltante**	Räuber
shoeshine	**limpiabotas** (*m*)	Schuhputzer
chancho	**cerdo**	Schwein

aus dem Englischen abgewandelte Ausdrücke

	Costaricanische Version	Original
alles bestens	**tu anis**	**too nice**
per Anhalter fahren	**raid**	**ride**
jede Art Sportschuhe	**tennis**	**tennis-shoes**
Wachmann	**wachiman**	**watchman**
ich sehe	**wacho**	**I watch**

Oft wird man in Costa Rica in Herrenrunden Wortspiele mit sexuellem Inhalt mithören, deren Bedeutung man normalerweise nicht verstehen wird. Dabei werden Bezeichnungen für den Penis (picha) verwandt, die Hoden (huevos) und Tätigkeitswörter mit doppelten Bedeutungen wie coger, das im Spanischen die Bedeutung von „nehmen“ hat und hier eher als „eine Frau nehmen“ benutzt wird.

Aussprache & Betonung

Die Selbstlaute (a, e, i, o, u) werden wie im Deutschen ausgesprochen, wobei e und o offene Laute sind. Zwischen langen und kurzen Selbstlauten wird nicht unterschieden. Aufeinander folgende Selbstlaute werden getrennt gesprochen. Die beliebtesten „Fallen" sind:

Selbstlaute (Vokale)

ie	**i** und **e** werden getrennt gesprochen, nicht wie langes „i", sondern wie in „Rieka"	quiero *(ich will)*
eu	**e** und **i** werden getrennt gesprochen, nicht wie in „Leiter", sondern wie in „beinhalten" (jedoch ohne Stimmverschluss zwischen **e** und **i**!)	aceite *(Öl)*
eu	**e** und **u** werden getrennt gesprochen, nicht wie in „Heu", sondern wie in „beunruhigt" (jedoch ohne Stimmverschluss zwischen **e** und **u**!)	Europa *(Europa)*

Mitlaute (Konsonanten)

Die größte Hürde für Deutschsprachige ist sicherlich das „gerollte" Zungenspitzen-r, das es zudem auch noch in zwei Versionen gibt. Doch keine Angst: Auch mit deutschem „r" wird man verstanden und zumindest nicht als gringo (US-Amerikaner, in Costa Rica nicht besonders beliebt) eingestuft. Dagegen bedeutet der in ganz Lateinamerika übliche se-

Besondere Schwierigkeiten bereitet die Aussprache des Castellano nicht. Den einzelnen Buchstaben (-verbindungen) entsprechen in den meisten Fällen die gleichen Laute wie im Deutschen. Als zusätzlichen Buchstaben im spanischen Alphabet hat man lediglich das ñ *zu lernen.*

seo sicherlich eine Erleichterung für den Lernenden: c (vor e und i) sowie z werden wie das deutsche „ß" ausgesprochen und nicht wie das englische „th", wie es in Spanien üblich ist.

Bei folgenden Lauten weicht die Aussprache vom Deutschen ab:

b, v	Laut zwischen deutschem „b" und „w" am Wortanfang fast wie „b" **boca** (Mund), **vaca** (Kuh)
c	vor **e** und **i** wie „ß" in „Fuß" **cerveza** (Bier); vor **a, o, u** und Mitlauten wie „k" **casa** (Haus)
cc	wie „kß" **accidente** (Unfall)
ch	wie „tsch" in „Matsch" **mucho** (viel)
g	vor **e, i** wie „ch" in „Bach"; vor **a, o, u** und Mitlauten wie deutsches „g" **gente** (Leute), **gato** (Katze)
gue, gui	wie „ge" bzw. „gi", das **u** wird nicht gesprochen und zeigt nur an, dass das **g** nicht wie „ch" klingt; **guitarra** (Gitarre)
güe, güi	wie „gue" bzw „gui": soll das **u** vor **e** und **i** dennoch hörbar sein, steht statt **u** ein **ü** (selten); **ungüento** (Salbe)
gua	wie „gua" (vor **a** ist das **u** immer hörbar!) **agua** (Wasser)
h	wird nicht gesprochen **hora** (Stunde)

j	wie „ch“ in „Bach“ **viejo** (alt)
ll	wie „j“ in „Junge“ **calle** (Straße)
ñ	wie „nj“ in „Anja“; **baño** (Toilette)
qu	wie „k“ (nie „kw“!), tritt nur vor **e** und **i** auf, das **u** ist „stumm“ **queso** (Käse)
r	Zungenspitzen-r mit nur einem „Schlag“, am Wortanfang gerollt **pero** (aber), **río** (Fluss)
rr	wird stark gerollt **perro** (Hund)
s	wie „ß“ wie in „Fuß“ **sol** (Sonne)
x	Das **x** wird normalerweise wie das deutsche „x“ (also „kß“) ausgesprochen. **taxi** „takßi“ (Taxi)
y	vor Vokalen wie „j“ in „Junge“ **ayer** (gestern); allein stehend oder am Wortende wie „i“ **hoy** (heute), **y** (und)
z	wie „ß“ in „Fuß“ **azúl** (blau)

Kauderwelsch-Tonträger

Falls Sie sich die spanischen Sätze und Wörter, die in diesem Buch vorkommen, einmal von einem Costa-Ricaner gesprochen anhören möchten, kann Ihnen Ihre Buchhandlung das begleitende Tonmaterial zu diesem Buch besorgen. Sie bekommen es auch über den Rump-Direktversand oder unseren Internetshop ***www.reise-know-how.de*** *zuzüglich Porto- und Verpackungskosten.*

Betonung

Wörter, die auf einen Selbstlaut, auf n oder s enden, werden in der Regel auf der vorletzten Silbe betont, alle übrigen auf der letzten Silbe. Hierbei ist zu beachten, dass Selbstlaut-Verbindungen, die mit i oder u beginnen, als einsilbig gelten – patio (Hof) wird demnach auf dem a betont. Alle anderen Selbstlaut-Verbindungen jedoch gelten als zweisilbig – paseo (Spaziergang) wird also auf dem e betont. Manchmal ist die Betonung entscheidend für die Bedeutung eines Wortes:

Abweichungen von den Betonungsregeln werden durch einen Akzent auf der zu betonenden Silbe angezeigt, z. B.: avión *(Flugzeug).*

esta	diese	**está**	er/sie ist
papa	Papst; Kartoffel	**papá**	Papa
compro	ich kaufe	**compró**	er/sie kaufte

Akzente dienen darüber hinaus bei einigen einsilbigen Wörtern, die unterschiedliche Bedeutungen haben, als Unterscheidungsmerkmal:

el	der	**él**	er
tu	dein	**tú**	du
mi	mein	**mí**	mich
de	von	**dé!**	geben Sie!
si	wenn	**sí**	ja

Auch in einem relativ kleinen Land wie Costa Rica gibt es natürlich unterschiedliche Dialekte. Hinzu kommt, dass viele Costaricaner es mit der Aussprache nicht allzu genau nehmen. So wird z. B. gerade von der Landbevölkerung das End-s verschluckt: ¡Dó kilo de arró, por favor! *statt* ¡Dos kilos de arroz, por favor! *(Zwei Kilo Reis, bitte!).*

Satzzeichen & Schreibweise

Ungewöhnlich für den deutschen Leser ist, dass Frage- und Ausrufesätze nicht nur mit den entsprechenden Satzzeichen (? und !) abgeschlossen, sondern auch – und dann auf dem Kopf stehend – eingeleitet werden (¿ und ¡). Sie werden dort gesetzt, wo jeweils die Frage oder der Ausruf beginnt, unter Umständen also auch mitten im Satz.

Zur Schreibweise nur soviel: Der Satzanfang und die Eigennamen im Satz werden groß, alle anderen Wortanfänge klein geschrieben.

Wörter, die weiterhelfen

In die folgenden Beispielsätze und -fragen kann man alle sinnvollen Wörter aus der Wörterliste unverändert einsetzen.

Estoy buscando... Ich suche...

Estoy buscando un restaurante.
(ich-)bin suchend ein Restaurant
Ich suche ein Restaurant.

Estoy buscando la parada de camión.
(ich-)bin suchend die Haltestelle von Bus
Ich suche die Bushaltestelle.

un médico	ein Arzt
el hospital	das Krankenhaus
la embajada	die Botschaft
la policía	die Polizei
el camión	der Bus
una tienda	ein Geschäft
el aeropuerto	der Flughafen
un taxi	ein Taxi
el consulado	das Konsulat
un teléfono	ein Telefon

¿Hay ...? Gibt es ...?

¿Hay cafe?
(es-)hat Kaffee
Gibt es Kaffee?

¿Hay un hotel aquí?
(es-)hat ein Hotel hier
Gibt es hier ein Hotel?

Sí, hay.
ja (es-)hat
Ja, gibt es.

No, no hay.
nein nicht (es-)hat
Nein, gibt es nicht.

¿Dónde hay ...?	Wo gibt es ...?

¿Dónde hay una farmacia?
wo (es-)hat eine Apotheke
Wo gibt es eine Apotheke?

¿Dónde hay un banco?
wo (es-)hat ein Bank
Wo gibt es eine Bank?

Fragt man nach etwas Bestimmtem, verwendet man nicht hay *(es gibt), sondern* está *(ist).*

¿Dónde está ...?	Wo ist ...?

¿Dónde está el Hotel Royal?
Wo (er-)ist der Hotel Royal?
Wo ist das Hotel Royal?

¿Dónde está el correo?
wo (er-)ist der Post
Wo ist die Post?

¿Dónde está la parada de buses?
wo (sie-)ist die Haltestelle von Busse
Wo ist der Busbahnhof?

a la derecha	(nach) rechts
a la izquierda	(nach) links
acá, aquí	hier
por acá	hierhin
allá, allí	dort

Man sollte sich von vornherein darauf einstellen, mehrmals verschiedene Personen fragen zu müssen. Die Antworten sind zwar meistens gutgemeint, nicht selten aber sehr unpräzise. Typisch etwa ist die Auskunft más allá, *was etwa mit „immer weiter“ zu übersetzen ist.*

Wörter, die weiterhelfen

por allá	dorthin
cerca	nah
lejos	weit
derecho, recto	geradeaus
hacia atrás	zurück
cruce (m)	Kreuzung
semáforo	Ampel

¿Tiene Usted ...? Haben Sie ...?

¿Tiene Usted una habitación libre?
(er-/sie-)hat Sie eine Zimmer frei
Haben Sie ein freies Zimmer?

¿Tiene Usted un mapa de San José?
(er-/sie-)hat Sie ein Plan von San José
Haben Sie einen Stadtplan von San José?

Diese Wendung ist dann angemessen, wenn man gezielt nach etwas fragen will. Die Antworten können lauten:

Sí, lo tenemos.	**No, no lo tengo.**
ja, es (wir-)haben	*nein, nicht es (ich-)habe*
Ja, haben wir.	Nein, habe ich nicht.

Quiero ...,Quisiera ... – Ich will ..., Ich hätte gern ...

Um einen Wunsch auszudrücken, kann man sich mit quiero (ich will) behelfen, höflicher ist allerdings quisiera (ich würde wollen), das wie das deutsche „ich hätte gern/ich möchte" verwendet wird.

Quiero una cerveza.
(ich-)will eine Bier
Ich möchte ein Bier.

Quisiera otra habitación.
(ich-)würde-wollen andere Zimmer
Ich hätte gern ein anderes Zimmer.

¿Cuánto cuesta ...? Wie viel kostet?

¿Cuánto cuesta un boleto?
wie-viel (er-)kostet ein Fahrkarte
Wie viel kostet eine Fahrkarte?

¿Cuánto cuesta la entrada?
wie-viel (sie-)kostet die Eingang
Wie viel kostet der Eintritt?

¿Cuánto cuesta esto?
wie-viel (es-)kostet dies
Wie viel kostet das da?

Hauptwörter

Anders als im Deutschen werden die Hauptwörter (Substantive) nicht gebeugt. Man muss sich also lediglich das grammatische Geschlecht merken und die Mehrzahlbildung beachten. Es gibt im Spanischen nur männliche (*m*) und weibliche (*w*) Hauptwörter. Männliche Hauptwörter enden meistens auf -o, -r, -l oder -n, z. B.:

trabajo	Arbeit	**postal**	Postkarte
comedor	Esszimmer	**avión**	Flugzeug

Weibliche Hauptwörter enden in der Regel auf -a, -d, -ción oder -z:

casa	Haus	**canción**	Lied
ciudad	Stadt	**paz**	Frieden

Bei Personen wird die weibliche Form des Hauptwortes häufig durch Hinzufügen eines -a gebildet:

el señor	Herr	**el español**	der Spanier
la señora	Frau	**la española**	die Spanierin

In anderen Fällen wird die männliche Endung -o durch ein -a ersetzt:

el niño	Junge	**la niña**	Mädchen
el tío	Onkel	**la tía**	Tante

Für einige männliche und weibliche Entsprechungen gibt es wiederum eigene Wörter:

el hombre	Mann	**la mujer**	Frau
el padre	Vater	**la madre**	Mutter

Eine ganze Reihe von Bezeichnungen, vor allem für Berufe, kennt für beide Geschlechter die gleiche Form:

el/la turista	Tourist/Touristin
el/la dentista	Zahnarzt/Zahnärztin
el/la periodista	Journalist/Journalistin

Die Namen von Meeren, Flüssen und Bergen sind in der Regel männlich: el Caribe *(Karibik)* el Chirripo *(Chirripo).*

Ausnahmen werden gekennzeichnet:

el día (*m*)	Tag	**la mano** (*w*)	Hand
el mapa (*m*)	Landkarte	**la flor** (*w*)	Blume
el problema (*m*)	Problem	**la moto** (*w*)	Mofa
el pez (*m*)	Fisch	**la foto** (*w*)	Foto

Artikel

Es gibt im Spanischen den bestimmten und den unbestimmten Artikel. Anders als im Deutschen hat der unbestimmte Artikel auch eine eigene Form für die Mehrzahl, die man mit „einige" übersetzen kann.

Weil im Spanischen das grammatische Geschlecht nicht immer dem im Deutschen entspricht, sollte der Artikel gleich mitgelernt werden.

bestimmter Artikel				
	männlich		weiblich	
Ez	**el**	der	**la**	die
Mz	**los**	die	**las**	die

unbestimmter Artikel				
	männlich		weiblich	
Ez	**un**	ein	**una**	eine
Mz	**unos**	einige	**unas**	einige

el/un árbol	der/ein Baum
los/unos árboles	die/einige Bäume

Bei weiblichen Hauptwörtern, die mit einem betonten a- oder ha- beginnen, wird der männliche Artikel el verwendet, um das Aufeinanderstoßen zweier a zu vermeiden.

el águila (w)	Adler	**el agua** (w)	Wasser
el alma (w)	Seele		

Im sprachlichen Gebrauch bleiben diese Hauptwörter jedoch weiblich.

Mehrzahl

Die Grundregel lautet: Hauptwörter, die in der Einzahl (*Ez*) auf einem Selbstlaut enden, bilden die Mehrzahl (*Mz*) mit einem angehängten -s; Hauptwörter, die auf einem Mitlaut enden, hängen für die Mehrzahl -es an.

casa	Haus	**casas**	Häuser
corazón	Herz	**corazones**	Herzen

Auch hier gibt es einige Ausnahmen: So bleiben Wörter, die in der Einzahl auf -s enden und auf der vorletzten Silbe betont werden, in der Mehrzahl unverändert. Dazu gehören einige Wochentage, z. B. lunes (Montag), martes (Dienstag) oder Begriffe aus dem Griechischen, wie z. B. la crisis (die Krise).

Bei Wörtern, die auf -z enden, verwandelt sich der Endbuchstabe in der Mehrzahl in ein -c:

la luz	Licht
las luces	Lichter

Verkleinerungs- / Vergrößerungsform

In Costa Rica wird, wie auch in anderen lateinamerikanischen Ländern, gerne die Verkleinerungs- sowie die Vergrößerungsform verwendet. Mit ihnen werden nicht nur quantitative Abstufungen angezeigt, sie dienen vor allem dazu, sich betont herzlich auszudrükken. Die am meisten benutzten Endungen sind -ito (*m*) bzw. -ita (*w*) für die Verkleinerung und -ote (*m*)/ -ota (*w*) für die Vergrößerung.

un beso	Kuss
un besito	Küsschen
un besote	dicker Kuss

una casa	Haus
una casita	Häuschen
una casota	großes Haus

Die Verkleinerungs- und Vergrößerungsform kann nicht nur bei Hauptwörtern, sondern auch bei Eigenschafts- und Umstandswörtern angewendet werden. Aus chico *(klein) wird* chiquito *oder gar* chiquitito *(winzig),* grande *(groß) kann sowohl zu* grandote *als auch zu* grandecito *werden,* chaucito *heißt „Tschüsschen“,* tantito *(soviel-chen) heißt „ein bisschen“,* nadita *(nichts-chen) „kein bisschen“, und das sehr costaricanische* ahorita *kann alles mögliche bedeuten, nur nicht* ahora *(jetzt).*

Dieses & Jenes

Die hinweisenden Fürwörter stehen vor dem Hauptwort, auf das sie sich beziehen, und richten sich in Zahl & Geschlecht nach diesem.

Im Gegensatz zum Deutschen, das nur zwei hinweisende Fürwörter („dieses" und „jenes") aufweist, besitzt das Castellano drei. Ihr Gebrauch richtet sich nach Entfernung vom Sprecher. Este („dieses hier") weist auf eine Sache oder Person hin, die sich nahe beim Sprechenden befindet. Mit ese („dieses da") bezeichnet man ein Objekt, das etwas weiter entfernt ist oder sich beim Angesprochenen befindet. Häufig wird es auch in abschätziger Bedeutung gebraucht.

Aquel *(jenes) verweist auf etwas, das örtlich oder auch zeitlich entfernter liegt.*

	männlich	weiblich	unpersönlich
Ez	**este**	**esta**	**esto**
Mz	**estos**	**estas**	
Ez	**ese**	**esa**	**eso**
Mz	**esos**	**esas**	
Ez	**aquel**	**aquella**	**aquello**
Mz	**aquellos**	**aquellas**	

Eigenschaftswörter

Eigenschaftswörter (Adjektive) stehen meistens hinter dem Hauptwort, auf das sie sich beziehen, und richten sich in Zahl und Geschlecht nach diesem. Die männliche Form des Eigenschaftswortes endet in der Regel auf -o, die weibliche Form auf -a:

el libro nuevo	das neue Buch
la casa nueva	das neue Haus

Bei einigen Eigenschaftswörtern, vor allem bei jenen, die auf -e oder -l enden, stimmen männliche und weibliche Form überein, z. B.:

un caso difícil	ein schwieriger Fall
una cosa difícil	eine schwierige Sache
un hombre elegante	ein eleganter Mann
una mujer elegante	eine elegante Frau

Die Eigenschaftswörter bueno *(gut),* malo *(schlecht) und* grande *(groß) stehen jedoch meistens vor dem Hauptwort. Vor einem männlichen Hauptwort werden* bueno *und* malo, *wie auch die Ordnungszahlen* primero *und* tercero, *verkürzt, d. h. die Endung* -o *entfällt.* Grande *wird sowohl vor einem männlichen als auch vor einem weiblichen Hauptwort zu* gran *verkürzt.*

Die Mehrzahl wird bei den Eigenschaftswörtern in gleicher Weise wie bei den Hauptwörtern gebildet: Endet das Eigenschaftswort auf einem Selbstlaut, wird -s angehängt, endet es jedoch auf einem Mitlaut, wird -es angehängt.

nuevo	neu (*m*)	**nuevos**	neue (*m, Mz*)
nueva	neu (*w*)	**nuevas**	neue (*w, Mz*)
difícil	schwierig	**difíciles**	schwierige (*Mz*)
feliz	glücklich	**felices**	glückliche (*Mz*)

un buen amigo	ein guter Freund
el primer día	der erste Tag
un mal día	ein schlechter Tag
una gran cocinera	eine große (tolle) Köchin

mucho tiempo	viel Zeit
poco dinero	wenig Geld
otra amiga	eine andere Freundin

Eigenschaftswörter

wichtige Eigenschaftswörter

Die Eigenschaftswörter mucho *(viel),* poco *(wenig) und* otro *(ein anderer) stehen immer vor dem Hauptwort. Vor* otro *steht übrigens nie der unbestimmte Artikel.*

bueno	gut	**malo**	schlecht
grande	groß	**chico**	klein
largo	lang	**corto**	kurz
bajo	niedrig	**alto**	hoch
mucho	viel	**poco**	wenig
rápido	schnell	**lento**	langsam
claro	hell	**oscuro**	dunkel
frío	kalt	**caliente**	heiß
limpio	sauber	**sucio**	schmutzig
suave	weich	**duro**	hart
viejo	alt	**nuevo; joven**	neu; jung
feliz	glücklich	**triste**	traurig
bonito; lindo	hübsch	**feo**	hässlich
trabajador	fleißig	**holgazano**	faul
pobre	arm	**rico**	reich
inteligente	klug	**tonto**	dumm
barato	billig	**caro**	teuer
fácil	einfach	**difícil**	schwierig
liviano	leicht	**pesado**	schwer
mojado	nass	**seco**	trocken
correcto	richtig	**falso**	falsch
lleno	voll	**vacío**	leer

Farben

blanco	weiß	**azul**	blau
amarillo	gelb	**verde**	grün
naranja	orange	**cafe**	braun
rojo/colorado	rot	**negro**	schwarz
morado	lila	**gris**	grau

Steigern & Vergleichen

Bei der Steigerung wird das Eigenschaftswort nicht wie im Deutschen gebeugt, man verwendet vielmehr das Wort más (mehr), das beim Komparativ (1. Steigerungsstufe) vor das Eigenschaftswort gestellt wird. Der Superlativ (2. Steigerungsstufe) wird gebildet, indem zusätzlich der bestimmte Artikel vorangestellt wird. Dabei richtet sich das Eigenschaftswort und der Artikel in Zahl und Geschlecht nach dem dazugehörigen Hauptwort.

steigern

bonito	**más bonito**	**el más bonito**
schön	*mehr schön*	*der mehr schön*
schön	schöner	der schönste

bonita	**más bonita**	**la más bonita**
schöne(w)	*mehr schöne(w)*	*die mehr schöne(w)*
schöne	schönere	die schönste

mucho	viel	**más**	mehr
poco	wenig	**menos**	weniger
bueno	gut	**mejor**	besser
malo	schlecht	**peor**	schlechter
grande	groß	**mayor** (**más grande**)	größer
chico	klein	**menor** (**más chico**)	kleiner

Einige häufig verwendete Eigenschaftswörter haben unregelmäßige Steigerungsformen. Bei Personen bedeutet mayor *älter und* menor *jünger, während die Körpergröße mit* alto *(hoch) und* bajo *(niedrig) ausgedrückt wird.*

Steigern & Vergleichen

Sehr verbreitet ist die Verstärkung eines Eigenschaftswortes durch Anhängen der Endungen -ísimo *(m) bzw.* -ísima *(w).*

Carlos es altísimo.
Carlos (er-)ist größter
Carlos ist riesengroß.

Esta canasta es baratísima.
diese Korb (sie-)ist billigste
Dieser Korb ist spottbillig.

Des Weiteren besteht die Möglichkeit, mit Hilfe des Umstandswortes muy (sehr) eine Steigerung auszudrücken. Es steht grundsätzlich vor dem Eigenschaftswort.

¡Muy bien hecho!
sehr gut gemacht
Sehr gut gemacht!

una mujer muy bonita
eine Frau sehr hübsche
eine sehr hübsche Frau

vergleichen

In einem Vergleichssatz wird ein Unterschied mit más/menos ... que (mehr/weniger ... als) – bzw. mit den unregelmäßigen Formen – und eine Gleichheit mit tan ... como (so ... wie) ausgedrückt.

Este carro es tan caro como ese.
dieser Auto (er-)ist so teuer wie der-da
Dieses Auto ist genauso teuer wie das da.

Alejandro es más alto que Lorenzo.
Alejandro (er-)ist mehr hoch als Lorenzo
Alejandro ist größer als Lorenzo.

En Costa Rica el tiempo es mejor que en Alemania.
in Costa Rica der Wetter (er-)ist besser als in Deutschland
In Costa Rica ist das Wetter besser als in Deutschland.

Umstandswörter

Mit Umstandswörtern kann man Verben, Eigenschaftswörter und andere Umstandswörter näher bestimmen. Man unterscheidet selbstständige Umstandswörter, (heute, immer, nie usw.), Umstandswörter des Grades (sehr, mehr) und die von Eigenschaftswörtern abgeleiteten.

Um aus Eigenschaftswörtern Umstandswörter zu bilden, hängt man an die weibliche Form des Adjektivs die Endung -mente:

Es ist sehr verbreitet, wenn auch nicht ganz korrekt, anstelle der Umstandswörter die Eigenschaftswörter selbst zu benutzen.

lento / lenta	**lentamente**	langsam (*m/w*)
rápido / rápida	**rapidamente**	schnell (*m/w*)

Lentamente María sube la escalera.
langsam Maria (sie-)hinaufgeht die Leiter
Maria steigt langsam die Leiter hoch.

un caso eminentemente difícil
ein Fall außerordentlich schwierig
ein außerordentlich schwieriger Fall

Einige Eigenschaftswörter bilden unregelmäßige Umstandswörter:

bueno (*Eig.*)	gut	**bien** (*Umst.*)	gut
malo (*Eig.*)	schlecht	**mal** (*Umst.*)	schlecht

Eig. = Eigenschaftswort
Umst. = Umstandswort

Persönliche Fürwörter

Generell werden die persönlichen Fürwörter in der gesprochenen Sprache nur zur Betonung der Person hinzugesetzt, da die handelnde Person meistens aus der Endung des Tätigkeitswortes hervorgeht. In der Schriftsprache werden die Höflichkeitsformen häufig abgekürzt: für Usted *verwendet man* Ud., *für* Ustedes Uds.

yo	ich	**nosotros/nosotras**	wir (*m/w*)
tú	du	**ustedes**	ihr
él/ella	er/sie	**ellos/ellas**	sie (*m/w, Mz*)
Usted	Sie (*Ez*)	**Ustedes**	Sie (*Mz*)

Im Gegensatz zum Deutschen unterscheidet man eine männliche und eine weibliche Form für „wir" und „sie" (*Mz*); für gemischte Gruppen wird jeweils die männliche Form benutzt. Ein markanter Unterschied zu dem in Spanien gesprochenen Spanisch besteht im Ersetzen des persönlichen Fürwortes für die 2. Person Mehrzahl vosotros durch ustedes, die Form für die höfliche Anrede. Entsprechend wird auch die Verbform der 3. Person Mehrzahl übernommen.

Él sabe qué hacer, yo no.
er (er-)weiß was machen, ich nicht
Er weiß, was zu tun ist, ich (dagegen) nicht.

vos Eine weitere lateinamerikanische Spezialität ist der sogenannte voseo, der in Argentinien, Uruguay und Guatemala durchgehend angewandt wird, in Costa Rica jedoch nur regionale Bedeutung hat. Dabei wird anstelle von tú das in Spanien nicht mehr gebräuchliche vos benutzt . In der Gegenwart hat vos eine andere Verbform als tú. Die rückbezüglichen sowie die besitzanzeigenden Fürwörter bleiben unverändert: vos te vas, vos vivís en tu casa etc.

Im mittelalterlichen Spanisch stellte vos *die respektvolle Anredeform im Gegensatz zum vertraulicheren* tú *dar.*

Wem? oder Wen?

Die Formen der persönlichen Fürwörter auf die Fragen „wem?“ oder „wen?“ lauten:

Frage: „wem?“			Frage: „wen?“	
	unbetont	**betont**		
mir	**me**	**a mí**	mich	**me**
dir	**te**	**a ti**	dich	**te**
ihm	**le**	**a él**	ihn	**lo**
ihr	**le**	**a ella**	sie	**la**
Ihnen (*Ez*)	**le**	**a Usted**	Sie (*m/w*)	**lo/la**
uns	**nos**	**a nosotros/-as**	uns	**nos**
euch	**les**	**a ustedes**	euch (*m/w*)	**los/las**
ihnen (*m/w*)	**les**	**a ellos/-as**	sie (*m/w*)	**los/las**
Ihnen (*Mz*)	**les**	**a Ustedes**	Sie (*m/w*)	**los/las**

Carlos me escribe.
Carlos mir (er-)schreibt.
Carlos schreibt mir.

Te quiero.
dich (ich-)will
Ich liebe dich.

Die gebeugten unbetonten persönlichen Fürwörter stehen immer vor dem Verb, mit dem sie verbunden sind.

Die betonte Form wird zusätzlich zur unbetonten verwendet, um das persönliche Fürwort hervorzuheben. Sie steht immer nach dem Verb.

Carlos me escribió a mí.
Carlos mir (er-)schrieb zu mir
Carlos hat mir geschrieben. (... und nicht dir!)

Besitzanzeigende Fürwörter

Die unbetonten besitzanzeigenden Fürwörter (Possessivpronomen) stehen immer vor dem Hauptwort, auf das sie sich beziehen. Männliche und weibliche Formen treten nur in der 1. Person Mehrzahl („unser") auf. Dann richtet sich das besitzanzeigende Fürwort in Geschlecht nach dem Hauptwort, das den Besitz bezeichnet.

Steht der Besitz in der Mehrzahl, wird wie bei den Hauptwörtern ein -s an das besitzanzeigende Fürwort gehängt.

mein Buch – meine Bücher
ihr Freund – ihre Freunde
unser Auto – unsere Autos
unser Haus – unsere Häuser

mi libro	**mis libros**
su amigo	**sus amigos**
nuestro carro	**nuestros carros**
nuestra casa	**nuestras casas**

Besitz Ez		**Besitz Mz**	
mein	**mi**	meine	**mis**
dein	**tu**	deine	**tus**
sein/ihr	**su**	seine/ihre	**sus**
Ihr	**su**	Ihre	**sus**
unser	**nuestro/-a**	unsere	**nuestros/-as**
euer	**su**	eure	**sus**
ihr	**su**	ihre	**sus**
Ihr	**su**	Ihre	**sus**

Neben diesen besitzanzeigenden Fürwörtern, die nur zusammen mit einem dazugehörigen Hauptwort stehen, gibt es die sogenannten „betonten" besitzanzeigenden Fürwörter. Sie stehen z. B. als Satzergänzung (Objekt) in Sätzen mit dem Verb „sein" und richten sich nach dem Satzgegenstand (Subjekt) in Zahl und Geschlecht.

Die Endungen der betonten besitzanzeigenden Fürwörter sind mit denen der Eigenschaftswörter identisch.

mío	mein	**nuestro**	unser
tuyo	dein	**suyo**	euer
suyo	sein; ihr	**suyo**	ihr (*m/w*)
suyo	Ihr (*Ez*)	**suyo**	Ihr (*Mz*)

¿De quién son estas cosas?
von wer (sie-)sind diese Sachen
Wem gehören diese Sachen?

Son suyas.
(sie-)sind seine/ihre
Sie gehören ihm/ihr/ihnen.

Este carro es mío.
dieser Auto (er-)ist meiner
Dieses Auto gehört mir.

Tätigkeitswörter

Die spanischen Tätigkeitswörter (Verben) sind aus einem Stamm und einer Endung zusammengesetzt. In der Grundform gibt es die folgenden drei Endungen:

-ar	**hablar**	sprechen
-er	**comer**	essen
-ir	**vivir**	leben, wohnen

Gegenwart

Bei der Beugung ersetzt man die Endung der Grundform (-ar, -er, -ir) durch die Endung für die handelnde Person („ich, du" usw.). Der Stamm bleibt unverändert.

Die persönlichen Fürwörter („ich, du ...“) werden in der Regel weggelassen, außer, sie sollen betont werden.

	habl-ar	**com-er**	**viv-ir**
	sprechen	essen	leben
ich	**habl-o**	**com-o**	**viv-o**
du	**habl-as**	**com-es**	**viv-es**
er, sie, Sie	**habl-a**	**com-e**	**viv-e**
wir	**habl-amos**	**com-emos**	**viv-imos**
ihr	**habl-an**	**com-en**	**viv-en**
sie, Sie	**habl-an**	**com-en**	**viv-en**

¿Ustedes hablan castellano?
Sie (sie-)sprechen Spanisch
Sprecht ihr Spanisch? / Sprechen Sie Spanisch?

Der wohl wichtigste grammatikalische Unterschied zu dem in Spanien gesprochenen Spanisch wird sofort deutlich: Es fehlt eine eigene Verbform für die 2. Person Mehrzahl („ihr“). Stattdessen verwendet man in Costa Rica die für die Höflichkeitsform gültige Endung, die der 3. Person Mehrzahl („sie“) entspricht.

Vivimos en Ciudad Quesada.
(wir-)leben in Ciudad Quesada
Wir leben in Ciudad Quesada.

Yo pago hoy.
ich (ich-)zahle heute
Ich bezahle heute!

vos

Wie bereits im Kapitel über die persönlichen Fürwörter erläutert, wird gelegentlich in Costa Rica die Form vos anstelle von tú benutzt. Die dazugehörige Verbform entspricht fast der für tú, nur dass die letzte Silbe betont wird:

tú hablas	**tú comes**	**tú vives**
vos hablás	**vos comés**	**vos vivís**

Liste wichtiger Verben			
comenzar*	anfangen	**llegar**	kommen
contestar	antworten	**costar***	kosten
trabajar	arbeiten	**besar**	küssen
bañarse	baden	**sonreír***	lächeln
tener*	besitzen, haben	**correr**	laufen, rennen
visitar	besuchen	**vivir**	leben, wohnen
pagar, cancelar	bezahlen	**poner***	legen, stellen
pedir*	bitten	**aprender**	lernen
quedarse	bleiben	**leer**	lesen
necesitar	brauchen	**querer*, amar**	lieben
traer*	bringen	**hacer***	machen, tun
agradecer*	danken	**tomar**	nehmen
tardar	dauern	**abrir**	öffnen
invitar	einladen	**estacionar**	parken
entrar	eintreten	**fumar**	rauchen
contar*	erzählen	**llamar, gritar**	rufen, schreien
manejar	fahren (Auto)	**decir***	sagen
encontrar*	finden	**mandar, enviar**	schicken
volar	fliegen	**dormir***	schlafen
tomar una foto	fotografieren	**escribir**	schreiben
entregar	geben	**ver*, mirar**	sehen
andar, caminar	gehen	**hablar**	sprechen
creer*	glauben	**morir**	sterben
saludar	grüßen	**buscar**	suchen
sostener*	halten (etwas)	**llamar por teléfono**	telefonieren
ayudar	helfen		
oír*, escuchar	hören	**olvidar**	vergessen
informar, avisar	informieren	**comprender, entender***	verstehen
comprar	kaufen	**tratar (de)**	versuchen (zu)
conocer*	kennen	**esperar**	warten

* unregelmäßiges Verb

Unregelmäßige Verben

Es gibt eine Anzahl von regelmäßig gebeugten Verben, bei denen sich bis auf die 1. Person Mehrzahl („wir") lediglich der Stamm verändert, die Beugungsendungen sind regelmäßig. Diese Verben lassen sich zu Gruppen zusammenfassen; die wichtigsten sind folgende:

e wird zu ie, z. B. pensar (denken) und entender (verstehen):

Weitere Verben dieser Gruppe:
querer (*wollen*)
cerrar (*schließen*)
comenzar (*beginnen*)
recomendar (*empfehlen*)
defender (*verteidigen*)
perder (*verlieren*)

	pensar	**entender**
	denken	verstehen
ich	**pienso**	**entiendo**
du	**piensas**	**entiendes**
er, sie, Sie	**piensa**	**entiende**
wir	**pensamos**	**entendemos**
ihr	**piensan**	**entienden**
sie, Sie (*Mz*)	**piensan**	**entienden**

o wird zu ue, z. B. contar (erzählen, zählen) und mover (bewegen):

Weitere Verben dieser Gruppe:
poder (*können*)
costar (*kosten*)
encontrar (*finden, treffen*)
rogar (*bitten*)
doler (*schmerzen*)
llover (*regnen*)
volver (*zurückkommen*)

	contar	**mover**
	zählen	bewegen
ich	**cuento**	**muevo**
du	**cuentas**	**mueves**
er, sie, Sie	**cuenta**	**mueve**
wir	**contamos**	**movemos**
ihr	**cuentan**	**mueven**
sie, Sie (*Mz*)	**cuentan**	**mueven**

Die letzte Gruppe schließlich bildet nur die 1. Person Einzahl (ich) unregelmäßig: -c- wird zu -zc-, z. B. conocer (kennen) wird zu conozco (ich kenne). Alle anderen Formen sind regelmäßig. Zu dieser Gruppe gehören die meisten Verben, die auf -cer oder -ducir enden, z. B. ofrecer (anbieten), traducir (übersetzen).

Einige Verben werden völlig unregelmäßig gebeugt. Hier eine Liste der wichtigsten. Man sollte zumindest die Gegenwartsformen kennen.

dar	**ir**	**oir**	**venir**	**hacer**
geben	gehen	hören	kommen	machen
doy	**voy**	**oigo**	**vengo**	**hago**
das	**vas**	**oyes**	**vienes**	**haces**
da	**va**	**oye**	**viene**	**hace**
damos	**vamos**	**oímos**	**venimos**	**hacemos**
dan	**van**	**oyen**	**vienen**	**hacen**
dan	**van**	**oyen**	**vienen**	**hacen**

decir	**ver**	**poner**	**salir**	**saber**
sagen	sehen	stellen	weggehen	wissen
digo	**veo**	**pongo**	**salgo**	**sé**
dices	**ves**	**pones**	**sales**	**sabes**
dice	**ve**	**pone**	**sale**	**sabe**
decimos	**vemos**	**ponemos**	**salimos**	**sabemos**
dicen	**ven**	**ponen**	**salen**	**saben**
dicen	**ven**	**ponen**	**salen**	**saben**

Sein & Haben

Dem deutschen Hilfsverb „sein“ entsprechen im Castellano zwei Verben: ser und estar.

ser / estar – sein

	ser	estar
ich	**soy**	**estoy**
du	**eres**	**estás**
er, sie, Sie	**es**	**está**
wir	**somos**	**estamos**
ihr	**son**	**están**
sie/Sie	**son**	**están**

Für die Unterscheidung von ser und estar prägt man sich am besten folgende Faustregeln ein:

Mit dem Verb ser werden unabänderliche oder charakteristische Wesenszüge bezeichnet, z. B. Nationalität, Religion, Beruf, Herkunft, Charakter- bzw. wesensmäßige Eigenschaften, Farben.

Soy alemán/alemana.
(ich-)bin Deutscher/Deutsche
Ich bin Deutscher/Deutsche.

La mesa es pequeña.
die Tisch (sie-)ist klein
Der Tisch ist klein.

Estar dagegen drückt einen vorübergehenden oder veränderlichen Zustand aus, z. B. Ortsangaben, Befinden, Stimmung.

Él está en el baño.
er (er-)ist in der Bad
Er ist im Bad.

Estamos cansados.
(wir-)sind müde
Wir sind müde.

Die Unterscheidung von ser *und* estar *wird anfangs etwas Mühe machen, ist aber sehr wichtig.*

Wie erheblich sich die Bedeutung unterscheiden kann, veranschaulicht folgendes Beispiel:

Esta carne es mala.
diese Fleisch (sie-)ist schlecht
Das ist (qualitativ) schlechtes Fleisch.

Esta carne está mala.
diese Fleisch (sie-)ist schlecht
Dieses Fleisch ist schlecht (= verdorben).

Dabei ist zu beachten, dass ein Eigenschaftswort als Satzergänzung (Objekt) sich in Zahl und Geschlecht nach dem Satzgegenstand (Subjekt) richtet.

Yo estoy cansado.
ich (ich-)bin müde
Ich bin müde.
(*sagt ein Mann*)

Yo estoy cansada.
ich (ich-)bin müde
Ich bin müde.
(*sagt eine Frau*)

Tú eres bonito.
du (du-)bist schön
Du bist schön.
(*zum Mann*)

Tú eres bonita.
du (du-)bist schön
Du bist schön.
(*zur Frau*)

Nosotros estamos solos.
wir (wir-)sind allein
Wir sind allein. (*Männer/gemischt*)

Nosotras estamos solas.
wir (wir-)sind allein
Wir sind allein. (*Frauen*)

tener / haber – haben

Das deutsche Verb „haben" hat im Spanischen ebenfalls zwei Entsprechungen: Dabei bedeutet tener „haben" im Sinne von „besitzen", ist also kein Hilfsverb. Zur Bildung der zusammengesetzten Vergangenheitsformen wird immer haber verwendet.

Zur 3. Person Einzahl existiert außerdem die unpersönliche Nebenform hay (es gibt), die in der Umgangssprache sehr häufig gebraucht wird.

	tener	haber
	haben, besitzen	Hilfsverb: haben
ich	**tengo**	**he**
du	**tienes**	**has**
er, sie, Sie	**tiene**	**ha**
wir	**tenemos**	**hemos**
ihr	**tienen**	**han**
sie/Sie(Mz)	**tienen**	**han**

Hay mucho sol.
(es-)hat viel Sonne
Die Sonne ist sehr stark.

Die unpersönliche Form hay tritt zudem in dem wichtigen Ausdruck hay que (man muss) auf:

Hay que tener cuidado.
(es-)hat dass haben Vorsicht
Man muss aufpassen.

Hay que levantarse temprano.
(es-)hat dass aufstehen-sich früh
Man muss früh aufstehen.

Weitere Zeiten

Die Möglichkeiten der Zeitenbildung sind im Spanischen reichhaltiger als im Deutschen. Eine vollständige Darstellung würde jedoch den Rahmen des Kauderwelsch-Sprachführers sprengen, weshalb im Folgenden nur zwei Formen der Vergangenheit sowie der Zukunft vorgestellt werden. Damit wird man zwar nicht in jedem Fall korrekt sprechen, sich aber immer verständlich machen können.

Mittelwort der Vergangenheit – Partizip II

Für die Bildung der vollendeten Gegenwart (Perfekt), z. B. „ich bin gegangen", braucht man zunächst das Partizip II (z. B. „gegangen, gelaufen"), das sehr einfach zu bilden ist. Dabei wird die Endung der Grundform durch die Endung des Partizips ersetzt:

-ar -ado:	**hablar** sprechen	**hablado** gesprochen
-er -ido:	**comer** essen	**comido** gegessen
-ir -ido:	**vivir** leben	**vivido** gelebt

Folgende Ausnahmen sollte man sich merken:

abrir	öffnen	**abierto**	geöffnet
decir	sagen	**dicho**	gesagt
escribir	schreiben	**escrito**	geschrieben
hacer	machen, tun	**hecho**	gemacht, getan
poner	stellen, legen	**puesto**	gestellt, gelegt
ver	sehen	**visto**	gesehen

Vollendete Gegenwart – Perfekt

Nur haber *(haben) wird gebeugt, das Partizip II bleibt unverändert! Achtung: Anders als im Deutschen werden die zusammengesetzten Zeiten niemals mit dem Hilfsverb „sein" gebildet!*

Am schnellsten zu lernen, weil man sich nur einige wenige Formen einprägen muss, ist das Perfekt (vollendete Gegenwart, z. B.: „ich bin gegangen"). Man kombiniere:

die Gegenwartsformen des Hilfsverbs haber (haben) mit dem Partizip II des jeweiligen Verbs.

he		ich habe gesprochen
has		du hast gesprochen
ha		er/sie hat gesprochen
	hablado	Sie haben gesprochen
hemos		wir haben gesprochen
han		ihr habt gesprochen
han		sie/Sie haben gesprochen

He llegado hoy.
(ich-)habe angekommen heute
Ich bin heute angekommen.

Siempre hemos comido en este restaurante.
immer (wir-)haben gegessen in dieser Restaurant
Wir haben immer in diesem Restaurant gegessen (... und tun es noch heute).

Das Perfekt wird im Allgemeinen für eine Handlung der Vergangenheit benutzt, die erst kürzlich geschehen ist bzw. noch Auswirkungen auf die Gegenwart hat. Im Satz gilt die Perfekt-Konstruktion (haber + Partizip II) als geschlossene Einheit, in die nichts eingefügt wird.

Einfache Vergangenheit – Indefinido

Eine weitere Vergangenheitsform ist das Indefinido, entsprechend der deutschen einfachen Vergangenheit (ich ging). Dabei handelt es sich nicht um eine zusammengesetzte Zeit, sondern um eine eigene Beugungsform. Die Verben auf -er und -ir haben im Gegensatz zur Gegenwartsform die gleichen Beugungsendungen.

	habl-ar	com-er	viv-ir
ich	**habl-é**	**com-í**	**viv-í**
du	**habl-aste**	**com-iste**	**viv-iste**
er, sie, Sie	**habl-ó**	**com-ió**	**viv-ió**
wir	**habl-amos**	**com-imos**	**viv-imos**
ihr	**habl-aron**	**com-ieron**	**viv-ieron**
sie/Sie	**habl-aron**	**com-ieron**	**viv-ieron**

Das Indefinido bezeichnet ein abgeschlossenes Ereignis in der Vergangenheit. Es ist im Spanischen sehr häufig und wird auch dort verwendet, wo man im Deutschen in der gesprochenen Sprache vorwiegend das Perfekt gebraucht.

Ayer comí con ella.
gestern (ich-)aß mit sie
Gestern habe ich mit ihr gegessen.

Él vivió dos años en La Fortuna.
er (er-)lebte zwei Jahre in La Fortuna
Er hat zwei Jahre in La Fortuna gelebt (... und lebt heute woanders).

Zu beachten ist, dass ser *(sein) und das unregelmäßige Verb* ir *(gehen) die gleichen Formen im* Indefinido *bilden. So kann z. B.* fue *sowohl „er war" als auch „er ging" bedeuten.*

	ser	estar	tener
ich	**fui**	**estuve**	**tuve**
du	**fuiste**	**estuviste**	**tuviste**
er, sie, Sie	**fue**	**estuvo**	**tuvo**
wir	**fuimos**	**estuvimos**	**tuvimos**
ihr	**fueron**	**estuvieron**	**tuvieron**
sie/Sie (*Mz*)	**fueron**	**estuvieron**	**tuvieron**

Für das Hilfsverb haber (haben) reicht es völlig aus, sich lediglich die 3. Person Einzahl („er/sie") zu merken: hubo. Diese Form istnämlich zugleich die Vergangenheitsform des unpersönlichen hay (es gibt) und wird dementsprechend mit „es gab" übersetzt.

Zukunft

Die gebräuchlichste Art, zukünftige Ereignisse auszudrücken, ist die Kombination der gebeugten Form von ir (gehen) mit einem zwischengestellten a (etwa „zu") und der Grundform des jeweiligen Verbs, das in die Zukunft gesetzt werden soll. Ir (gehen) ist ein unregelmäßiges Verb.

gebeugtes ir (gehen) + a (zu) + Grundform des jeweiligen Verbs

Vamos a salir.
(wir-)gehen zu weggehen
Wir werden gleich weggehen.

Voy a pagar la cuenta mañana.
(ich-)gehe zu zahlen die Rechnung morgen
Ich werde die Rechnung morgen bezahlen.

Am einfachsten (wenn auch nicht immer ganz korrekt) ist es natürlich, wie im Deutschen die Gegenwartsform mit einer entsprechenden Zeitangabe zu verwenden, z. B.: „ich gehe morgen" anstatt „ich werde gehen".

Mañana visitamos la catedral.
morgen (wir-)besuchen die Kathedrale
Morgen besichtigen wir die Kathedrale.

Die Beugungsendungen für die Bildung der Zukunft sind bei allen Beugungsklassen gleich; sie werden an die vollständige Grundform angehängt.

hablar	sprechen
hablar-é	ich werde sprechen
hablar-ás	du wirst sprechen
hablar-á	er/sie wird sprechen
hablar-emos	wir werden sprechen
hablar-án	ihr werdet sprechen
hablar-án	sie/Sie werden sprechen

Neben bereits genannten Möglichkeiten gibt es für die Zukunft eine eigene Beugungsform, das futuro imperfecto. *Diese Beugungsform wurde ursprünglich aus dem Infinitiv (Grundform) und dem nachgestellten gebeugten Hilfsverb* haber *(haben) gebildet (z. B.* hablar he = *ich werde sprechen). Aus einer Verschmelzung dieser Elemente (aus* hablar he *wurde* hablaré, *aus* „hablar has" *wurde* hablarás *usw.) entstanden die heutigen Formen.*

Estará contento/contenta con la habitación.
(er-/sie-)sein-wird zufrieden (m/w) mit die Zimmer
Sie werden mit dem Zimmer zufrieden sein!

Mit der Zukunftsform lässt sich auch eine Vermutung ausdrücken.

¿Qué hora será?
was Stunde (es-)sein-wird
Wie spät mag es sein?

Modalverben – können, müssen, wollen

Modalverben werden im meistens in Verbindung mit Vollverben gebraucht und geben der Satzaussage einen zusätzlichen Bedeutungsaspekt (Möglichkeit, Verpflichtung, usw.). Genaue Entsprechungen zwischen den deutschen und den spanischen Modalverben gibt es nicht.

deber	poder	querer	saber	tener que
debo	puedo	quiero	sé	tengo que
debes	puedes	quieres	sabes	tienes que
debe	puede	quiere	sabe	tiene que
debemos	podemos	queremos	sabemos	tenemos que
deben	pueden	quieren	saben	tienen que
deben	pueden	quieren	saben	tienen que

deber – müssen, sollen, dürfen

Mit deber wird zumeist eine Notwendigkeit bezeichnet, die sich aus einer moralischen Verpflichtung ergibt.

Debemos apoyar este plan.
(wir-)müssen unterstützen dieser Plan
Wir müssen diesen Plan unterstützen.

No debes hacerlo.
nicht (du-)musst machen-es
Du darfst das nicht tun.

deber als Vollverb jedoch bedeutet „schulden, (jemandem etwas) schuldig sein“:

¿Qué le debo?
was Ihnen (ich-)muss
Was schulde ich Ihnen?

poder / saber – können

Mit poder wird eine Möglichkeit oder Fähigkeit ausgedrückt, die von äußeren Umständen, vom Willen oder von einer Erlaubnis abhängt.

¡No puedo más!
nicht (ich-)kann mehr
Ich kann nicht mehr!

¡Aquí no se puede fumar!
hier nicht sich (er-/sie-)kann rauchen
Man darf hier nicht rauchen!

Mit saber (können, wissen) hingegen bezeichnet man eine erlernte oder angeborene Fähigkeit.

Todos saben nadar.
alle (sie-)wissen schwimmen
Alle können schwimmen.

querer – wollen

Möchte man einen Willen oder Wunsch ausdrücken, verwendet man das Verb querer. Bei einem höflich geäußerten Wunsch benutzt man statt quiero (ich will) die Konjunktivform quisiera (ich möchte/ich würde gern).

Queremos ir a la playa.
(wir-)wollen gehen zu die Strand
Wir wollen zum Strand gehen.

Quisiera ver algunos cuartos.
(ich-)würde-wollen sehen einige Zimmer
Ich würde gern einige Zimmer sehen.

Als Vollverb hat querer die Bedeutung „lieben".

Te quiero.
dich (ich-)will
Ich liebe dich.

tener que – müssen

Mit tener que wird eine Notwendigkeit bzw. ein äußerer Zwang angezeigt.

Tengo que ir al médico.
(ich-)habe dass gehen zum Arzt
Ich muss zum Arzt.

Rückbezügliche Verben

Rückbezügliche (reflexive) Verben haben im Infinitiv (Grundform) stets die zusätzliche Endung **-se** („sich"), z. B. **lavarse** (sich waschen). Bei der Beugung trennt sich **-se** vom Infinitiv und wird zu einem selbstständigen rückbezüglichen Fürwort, das vor dem Verb steht.

lavarse	*waschen-sich*	sich waschen
me lavo	*mich (ich-)wasche*	ich wasche mich
te lavas	*dich (du-)wäschst*	du wäschst dich
se lava	*sich (er-/sie-)wäscht*	er/sie wäscht sich, Sie (*Ez*) waschen sich
nos lavamos	*uns (wir-)waschen*	wir waschen uns
se lavan	*sich (sie-)waschen*	ihr wascht euch
se lavan	*sich (sie-)waschen*	sie waschen sich, Sie (*Mz*) waschen sich

Im Satz nimmt das rückbezügliche Fürwort eine andere Position ein als im Deutschen. Normalerweise steht es direkt vor dem gebeugten Verb. In einer Konstruktion mit Modalverben wird es jedoch an die Grundform angehängt.

Se decidió a comprar la casa.
sich (er-/sie-)entschloss zu kaufen die Haus
Er/sie entschloss sich, das Haus zu kaufen.

Rückbezügliche Verben

Neben vielen Verben, die wie im Deutschen rückbezüglich sind oder entsprechend verwendet werden können (wie z. B. lavar = *waschen,* lavarse = *sich waschen), gibt es Verben, die im Spanischen immer rückbezüglich sind, im Deutschen aber nicht.*

levantarse	aufstehen
desvestirse	ausziehen
bañarse	baden
quedarse	bleiben
casarse	heiraten
irse	weggehen
llamarse	heißen
despertarse	aufwachen
callarse	schweigen
detenerse	stehenbleiben
pelearse	streiten

Me voy.
mich (ich-)gehe
Ich gehe weg.

Me llamo Miguel.
mich (ich-)rufe Michael
Ich heiße Michael.

¡Cállate!
schweig-dich
Halt die Klappe!

Das rückbezügliche se wird auch verwendet, um das deutsche „man“ auszudrücken.

Se venden souvenirs.
sich (sie-)verkaufen Souvenirs
Man verkauft Souvenirs.

Se habla alemán.
sich (er-/sie-)spricht Deutsch
Man spricht Deutsch.

Satzstellung

Der Satzbau ist im Spanischen in der Regel wie im Deutschen. Zu beachten ist, dass die gebeugten persönlichen Fürwörter (mir, dir ..., mich, dich ...; die rückbezüglichen Fürwörter (mich, dich ...; sowie das Verneinungswort **no** (nicht) anders als im Deutschen immer direkt vor dem Verb stehen. Der einfache Aussagesatz folgt meist folgendem Schema:

SUBJEKT (Satz-gegenstand)	**PRÄDIKAT** (Satz-aussage)	**OBJEKT** (Satz-ergänzung
El niño	**toma**	**el jugo.**
der Kind	*(er-)trinkt*	*der Saft*
Das Kind	trinkt	den Saft.
Nosotros	**te damos**	**la llave.**
wir	*dir (wir-)geben*	*die Schlüssel*
Wir	geben dir	den Schlüssel.

Auch wenn ein Umstandswort (Adverb) oder ein anderes Wort vorangestellt wird, bleibt das Grundschema erhalten; es erfolgt keine Umstellung von Subjekt und Prädikat wie im Deutschen.

Hoy el señor Vargas va al cine.
heute der Herr Vargas (er-)geht zu-der Kino
Heute geht Herr Vargas ins Kino.

Verneinung

Aussagesätze werden durch no (nein, nicht) verneint, das grundsätzlich vor der Satzaussage (Prädikat) steht. Im Spanischen wird auch dann das Verb verneint, wenn sich im Deutschen die Verneinung auf das Hauptwort bezieht.

Desgraciadamente no puedo venir.
unglücklicherweise nicht (ich-)kann kommen
Ich kann leider nicht kommen.

No tengo tiempo.
nicht (ich-)habe Zeit
Ich habe keine Zeit.

Estos zapatos no me gustan.
diese Schuhe nicht mir (sie-)gefallen
Diese Schuhe gefallen mir nicht.

Die unbestimmten Verneinungsfürwörter wie „niemand, nichts, niemals“ benötigen im Castellano eine besondere Konstruktion, die eigentlich eine doppelte Verneinung darstellt. Dabei wird das Verb mit no (nein, nicht) verneint und das Verneinungsfürwort in der Regel an den Schluss des Satzes gestellt. Eine doppelte Verneinung bleibt also eine Verneinung!

no ... ninguno	keiner (*m*)
no ... ninguna	keine (*w*)
no ... nadie	niemand
no ... nunca	niemals
no ... jamás	niemals
no ... nada	nichts
no ... tampoco	auch nicht
no ... en ninguna parte	nirgends
no ... a ninguna parte	nirgendwohin
no ... de ninguna parte	nirgendwoher

No entiendo nada.
nicht (ich-)verstehe nichts
Ich verstehe nichts.

No volverá nunca.
nicht (er-/sie-)zurückkommen-wird nie
Er/sie wird nie zurückkommen.

Die Verneinung des Verbs entfällt nur dann, wenn das besondere verneinende Wort (z. B. nie, nichts ...) dem Verb vorangestellt ist.

Nunca he comido tanto.
nie (ich-)habe gegessen soviel
Nie habe ich soviel gegessen.

Nadie me contestó.
niemand mir (er-/sie-)antwortete
Es hat mir niemand geantwortet.

Fragen

Entscheidungsfragen sind Fragen, die man nur mit sí (ja) oder no (nein) beantworten kann. In der Regel wird in der Frage Satzgegenstand (Subjekt) und Satzaussage (Prädikat) gegenüber der Wortstellung im normalen Aussagesatz vertauscht.

Este es el camino hacia ...
dieser (er-)ist der Weg nach ...
Das ist der Weg nach ...

¿Es este el camino hacia ...?
(er-)ist dieser der Weg nach ....
Ist das der Weg nach ...?

Es ist aber ebenso möglich, die Wortfolge des Aussagesatzes beizubehalten und nur mittels der Satzmelodie anzuzeigen, dass es sich um eine Frage handelt.

¿Este es el camino hacia ...?
dieser (er-)ist der Weg nach ...
Das ist der Weg nach ...?

Ergänzungsfragen

Ergänzungsfragen werden durch Fragewörter eingeleitet; man antwortet mit einem vollständigen Satz. Auch hier werden Satzgegenstand (Subjekt) und Satzaussage (Prädikat) umgestellt.

¿Dónde está el museo?
wo (er-)ist der Museum
Wo ist das Museum?

¿Cuándo viene tu hermana?
wann (sie-)kommt deine Schwester?
Wann kommt deine Schwester?

¿qué?	was?	**¿quién?**	wer?
¿cómo?	wie?	**¿dónde?**	wo?
¿adónde?	wohin?	**¿de dónde?**	woher?
¿por qué?	warum?	**¿para qué?**	wofür?/für was?
¿cuál?	welche(r)?	**¿(desde) cuándo?**	(seit) wann?
¿cuánto?	wie viel?	**¿cuánto tiempo?**	wie lange?
¿cuántos? (*m*)	wie viele?	**¿cuántas?** (*w*)	wie viele?

Etliche Fragewörter sind mit Bindewörtern identisch. Um sie von diesen zu unterscheiden, werden Fragewörter mit einem Akzent geschrieben, Bindewörter nicht, z. B. ¿cuándo? (wann?), aber cuando (wenn, als).

¿Hola, cómo le va?
hallo wie Ihnen (es-)geht
Hallo, wie geht es Ihnen?

¿Cuánto vale esta bolsa?
wie-viel (sie-)kostet diese Tasche
Wie viel kostet diese Tasche?

¿Cuándo llega el bus?
wann (er-)ankommt der Bus
Wann kommt der Bus an?

¿Cómo te llamas? *wie dich (du-)rufst* Wie heißt du?	**¿Quién es?** *wer (er-/sie-)ist* Wer ist das?
¿Qué es eso? *was (es-)ist dies* Was ist das?	**¿Dónde vives?** *wo (du-)lebst* Wo wohnst du?

Auffordern & Befehlen

Die Verneinung der Du-Befehlsform ist komplizierter, da nicht nur no *(nicht) vorangestellt wird, sondern sich auch die Befehlsform verändert. Im Spanischen wird bei der Verneinung nämlich die Möglichkeitsform* (subjuntivo) *verlangt, auf deren Erklärung wir hier aus Gründen der Übersicht verzichten. Sicherlich wird man auch verstanden, wenn man der Befehlsform einfach nur* no *voranstellt.*

Die Bildung der Befehlsform (Imperativ) ist einfach, wenn man den Ansprechpartner duzt. Dann ist die Befehlsform mit der 3. Person Einzahl Gegenwart („er/sie ...") identisch.

habla	er/sie spricht	**¡habla!**	sprich!
come	er/sie isst	**¡come!**	iss!
vive	er/sie lebt	**¡vive!**	leb!

¡Habla más alto! *sprich(-du) mehr hoch* Sprich lauter!	**¡Come, Francisco!** *iss(-du) Francisco* Iss, Francisco!

Wird eine Person gesiezt, geht man von der Du-Befehlsform Einzahl aus: Die Endung -a wird regelmässig durch -e ersetzt, und -e wird durch -a ersetzt. (Im Spanischen ist dies die Möglichkeitsform, genannt subjuntivo).

¡habla! – sprich!	**¡hable!** – sprechen Sie!
¡come! – iss!	**¡coma!** – essen Sie!
¡vive! – leb!	**¡viva!** – leben Sie!

Oft wird der Sie-Befehlsform darüber hinaus Usted nachgestellt:

¡Hable Usted!
sprechen Sie
Sprechen Sie!

¡Coma Usted todo!
essen Sie alles
Essen Sie alles!

¡Viva Usted bien!
leben Sie gut
Leben Sie wohl!

Fordert man mehrere Personen zu etwas auf, geht man von der 3. Person Mehrzahl (sie) aus: Die Endung -an wird durch -en ersetzt, und -en wird durch -an ersetzt:

hablan	sie sprechen	**¡hablen!**	sprecht!/sprechen Sie!
comen	sie essen	**¡coman!**	esst!/essen Sie!
viven	sie leben	**¡vivan!**	lebt!/leben Sie!

Unregelmäßige Befehlsformen bilden folgende häufig gebrauchte Verben:

ir(se)	gehen		
¡ve(te)!	geh!	**¡vaya(se)!**	gehen Sie!
dar	geben		
¡da!	gib!	**¡dé!**	geben Sie!
decir	sagen		
¡di!	sag!	**¡diga!**	sagen Sie!
oír	hören		
¡oye!	hör!	**¡oiga!**	hören Sie!
salir	weggehen		
¡sal!	geh fort!	**¡salga!**	gehen Sie fort!

tener	haben	
¡ten!	hab!	**¡tenga!** haben Sie!
venir	kommen	
¡ven!	komm!	**¡venga!** kommen Sie!
ver	sehen	
¡ve!	sieh!	**¡vea!** sehen Sie!

¡Ven aquí!
komm(-du) hier
Komm her!

¡Tome Usted esto!
nehmen Sie dies
Nehmen Sie das hier!

Die Sie-Befehlsform wird mit vorangestelltem no (nicht) verneint:

¡hable!	sprechen Sie!
¡no hable!	sprechen Sie nicht!
¡haga!	machen Sie!
¡no haga!	machen Sie nicht!

Eine Besonderheit ist hier noch zu erwähnen: Werden die gebeugten persönlichen oder die rückbezüglichen Fürwörter in eine Befehlsform eingebaut, so werden sie an diese angehängt:

me dice	*mir (er-/sie-)sagt*	er/sie sagt mir
¡dime!	*sag-mir*	sag mir!
¡dímelo!	*sag-mir-es*	sag es mir!
se va	*sich (er-/sie-)geht*	er/sie geht weg
¡vete!	*geh-dich*	geh weg!

Verlaufsform

Die im Spanischen sehr häufig verwendete Verlaufsform ist eine Konstruktion, die in vergleichbarer Form im Deutschen nicht benutzt wird (wohl aber im Englischen). Man bezeichnet damit eine gerade ablaufende Handlung. Die Verlaufsform setzt sich aus der jeweiligen gebeugten Form von estar (sein) und dem Partizip I (Mittelwort der Gegenwart: sprechend, essend) zusammen.

Wie das Partizip II (gesprochen, gegessen) wird auch das Partizip I ganz regelmäßig gebildet, indem die Endung des Infinitivs (Grundform) durch -ando bzw. -iendo ersetzt wird.

-ar -ando:	**hablar** sprechen	**hablando** sprechend
-er -iendo:	**comer** essen	**comiendo** essend
-ir -iendo:	**vivir** leben	**viviendo** lebend

Ella está escribiendo una carta.
sie (sie-)ist schreibend eine Brief
Sie schreibt gerade einen Brief.

Están saliendo.
(sie-)sind weggehend
Sie sind dabei fortzugehen.

Bindewörter

Aus der Vielzahl der Bindewörter, die Sätze oder Satzteile verknüpfen, seien hier die wichtigsten genannt:

y / o	und / oder
pero	aber
aunque	obwohl
sino	sondern
sin embargo	jedoch
porque	weil
si	wenn, falls; ob
cuando	wenn, als; sobald
como	wie; da
que	dass; welche(-r, -s)

Einige Bindewörter werden in verschiedenen Bedeutungen verwendet:

Si viene él, yo me quedo.
wenn (er-)kommt er ich mich (ich-)bleibe
Wenn er kommt, bleibe ich hier.

Me pregunto si viene.
mich (ich-)frage ob (er-/sie-)kommt
Ich frage mich, ob er/sie kommt.

Die Funktionen von que sind sehr vielfältig. Es übernimmt die Bedeutung des deutschen „dass", tritt aber auch als Relativpronomen „welche(-r, -s)" oder als Vergleichspartikel „als" im Vergleichssatz auf.

Dice que viene pronto.
(er-/sie-)sagt dass (er-/sie-)kommt bald
Er/sie sagt, dass er/sie bald komme.

La mesa que está allí.
die Tisch welche (sie-)ist dort
Der Tisch, der dort steht.

Isabel trabaja mejor que otros.
Isabel (sie-)arbeitet besser als andere
Isabel arbeitet besser als andere.

Verhältniswörter

a	nach, zu
bajo	unter
cerca de	nahe bei
con	mit
contra	gegen
de	von, aus
delante de	vor
dentro de	innerhalb von
desde	von ... aus; seit
detrás de	hinter
en	in, an, auf
entre	zwischen
fuera de	außerhalb von
hacia	gegen, in Richtung
hasta	bis
junto a	neben
para	für
por	wegen; durch; für
sin	ohne
sobre	auf

Die Verhältniswörter (Prapositionen) werden nicht immer wie im Deutschen benutzt. Eine markante Schwierigkeit ist z. B. die Unterscheidung von para und por. Mit para wird ein Zweck, eine Bestimmung oder eine persönliche Ansicht bezeichnet.

Esta hamaca es un regalo para mi hermano.
diese Hängematte (sie-)ist ein Geschenk für mein Bruder
Diese Hängematte ist ein Geschenk für meinen Bruder.

Para él es una cosa extraordinaria.
für er (es-)ist eine Sache außergewöhnliche
Für ihn ist es eine außergewöhnliche Sache.

Por dient einmal zur Angabe eines Grundes oder einer Ursache, dann aber auch als Orts- oder Zeitangabe.

Él se queda dentro de la casa por la lluvia.
er sich (er-)bleibt drinnen von die Haus wegen die Regen
Er bleibt im Haus wegen des Regens.

Viaja por Costa Rica.
(er-/sie-)reist durch Costa Rica
Er/sie reist durch Costa Rica.

Besonders zu beachten ist, dass man bei dem Hinweis auf das benutzte Verkehrsmittel nicht con (mit) – wie man vom Deutschen her erwarten könnte –, sondern en (in) verwendet:

No vamos en taxi, sino en bus.
nicht (wir-)fahren in Taxi, sondern in Bus
Wir fahren nicht mit dem Taxi, sondern mit dem Bus.

Stehen die Verhältniswörter a und de vor dem bestimmten männlichen Artikel el, bilden sie zusammen mit diesem eine neue Form:

a	+	**el**	=	**al**	(zu dem, zum, nach dem)
de	+	**el**	=	**del**	(von dem, vom)

Mit dem weiblichen Artikel (a la/las, de la/las) und mit dem männlichen Artikel Mehrzahl (a los, de los) verschmelzen sie jedoch nicht.

Zahlen & zählen

Im Gegensatz zum Deutschen stellt man die Einer den Zehnern nach, diese wiederum den Hunderten. **Uno** wird auch bei zusammengesetzten Zahlen vor einem männlichen Hauptwort zu **un** und vor einem weiblichen Hauptwort zu **una**. Zwischen Zehner und Einer wird **y** (und) geschoben. Ausnahmen sind lediglich die zusammengesetzten Zahlen von 21 bis 29.

Grundzahlen

0	**cero**	10	**diez**		
1	**uno, un, una**	11	**once**		
2	**dos**	12	**doce**	20	**veinte**
3	**tres**	13	**trece**	30	**treinta**
4	**cuatro**	14	**catorce**	40	**cuarenta**
5	**cinco**	15	**quince**	50	**cincuenta**
6	**seis**	16	**dieciséis**	60	**sesenta**
7	**siete**	17	**diecisiete**	70	**setenta**
8	**ocho**	18	**dieciocho**	80	**ochenta**
9	**nueve**	19	**diecinueve**	90	**noventa**

21 **veintiuno, -ún/-una**	31 **treinta y uno, -un /-una**
22 **veintidós**	32 **treinta y dos**
23 **veintitrés**	33 **treinta y tres**

74 **setenta y cuatro**
85 **ochenta y cinco**
96 **noventa y seis**

Bei zusammengesetzten Zahlen heißt „100" nicht cien, sondern ciento, ab „200" jedoch cientos (m) bzw. cientas (w), je nach Geschlecht des dazugehörigen Hauptwortes. Achtung bei 500, 700 und 900!

100	**cien (ciento)**
101	**ciento uno/un/una**
200	**doscientos / -as**
300	**trescientos / -as**
400	**cuatrocientos / -as**
500	**quinientos / -as**
600	**seiscientos / -as**
700	**setecientos / -as**
800	**ochocientos / -as**
900	**novecientos / -as**

1000	**mil**	2000	**dos mil** (usw.)
3000	**tres mil**	10.000	**diez mil**

una hora
eine Stunde
eine Stunde

veintiún libros
zwanzig-und-ein Bücher
21 Bücher

ciento cuarenta y una vacas
hundert vierzig und eine Kühe
141 Kühe

setecientos treinta y tres pesos
siebenhunderte dreißig und drei Pesos
733 Pesos

Ordnungszahlen

Ordnungszahlen verhalten sich wie Eigenschaftswörter und richten sich in Zahl und Geschlecht nach dem dazugehörigen Hauptwort, dem sie in der Regel vorangestellt sind. Die weibliche Form der Ordnungszahl erhält man, indem man die Endung -o durch -a ersetzt.

primero	erster	**sexto**	sechster
segundo	zweiter	**séptimo**	siebter
tercero	dritter	**octavo**	achter
cuarto	vierter	**noveno**	neunter
quinto	fünfter	**décimo**	zehnter

Bei den Ordnungszahlen primero (erster) und tercero (dritter) entfällt die Endung -o vor männlichen Hauptwörtern.

el primer piso (erster Stock)
el segundo piso (zweiter Stock)

Es la tercera vez que estoy en Costa Rica.
(es-)ist die dritte Mal dass (ich-)bin in Costa Rica
Es ist das dritte Mal, dass ich in Costa Rica bin.

Bruchzahlen

medio	halb	**un tercio**	ein Drittel
la mitad	die Hälfte	**un cuarto**	ein Viertel

Zeit & Datum

allgemeine Zeitangaben

hoy – mañana	heute –morgen
pasado mañana	übermorgen
ayer	gestern
anoche	gestern Abend
anteayer	vorgestern
por la mañana	morgens
al mediodía	mittags
por la tarde	nachmittags
por la noche	abends/nachts
diariamente	täglich
(más) temprano	früh(er)
(más) tarde	spät(er)
antes – después	vorher – nachher
ya – ya no	schon – nicht mehr
todavía – todavía no	noch – noch nicht
ahora	jetzt
de inmediato, en seguida	sofort, gleich
pronto – luego, entonces	bald – dann
a vece, de vez en cuando	manchmal
muchas veces	oft
siempre – nunca	immer – nie

hace una semana
(es-)macht eine Woche
vor einer Woche

desde ayer
seit gestern
seit gestern

de hoy en tres dias
von heute in drei Tage
in drei Tagen

Uhrzeit

Zur Angabe der Uhrzeit wird das Verb **ser** (sein) benutzt. Die Stunde wird immer mit dem bestimmten Artikel genannt; da **hora** (Stunde) ein weibliches Hauptwort ist, werden jeweils die weiblichen Formen gewählt.

¿Qué hora es?
was Stunde (es-)ist
Wie spät ist es?

¿Qué horas son?
was Stunden (sie-)sind
Wie spät ist es?

Es la una.
(es-)ist die eine
Es ist ein Uhr.

Son las dos.
(sie-)sind die zwei
Es ist zwei Uhr.

Son las tres.
(sie-)sind die drei
Es ist drei Uhr.

Im Allgemeinen werden in Costa Rica die Stunden nur im 12-Stunden-Rhythmus gezählt, eine Angabe wie etwa „achtzehn Uhr" ist unüblich. Um Missverständnisse zu vermeiden, kann die Tageszeit hinzugefügt werden:

... de la mañana
... von die Morgen
... morgens

... de la tarde
... von die Nachmittag
... nachmittags

... de la noche
... von die Nacht
... abends/nachts

Son las seis de la mañana/de la tarde.
(sie-)sind die sechs von die Morgen/von die Nachmittag
Es ist sechs Uhr früh (6.00)/abends (18.00).

las cinco y diez
die fünf und zehn
zehn nach fünf

las dos y media
die zwei und halbe
halb drei

un cuarto para las tres
ein Viertel für die drei
Viertel vor drei

cinco para las ocho
fünf für die acht
fünf vor acht

la una y cuarto
die eine und Viertel
Viertel nach eins

Minuten, Viertelstunden und halbe Stunden werden zu den vollen Stunden mit y *hinzugezählt oder auf die folgende volle Stunde mit* para *(für) bezogen.*

Es mediodía.
(es-)ist Mittag
Es ist zwölf Uhr mittags.

Es medianoche.
(es-)ist Mitternacht
Es ist Mitternacht.

Son las dos en punto.
(sie-)sind die zwei in Punkt
Es ist genau zwei Uhr.

Son las dos y pico.
(sie-)sind die zwei und Spitze
Es ist kurz nach zwei Uhr.

¿A qué hora vienes?
zu was Stunde (du-)kommst
Um wie viel Uhr kommst du?

A las cinco.
zu die fünf
Um fünf.

Wochentage

lunes	Montag	**viernes**	Freitag
martes	Dienstag	**sábado**	Samstag
miércoles	Mittwoch	**domingo**	Sonntag
jueves	Donnerstag	**día feriado**	Feiertag

Nos encontramos el sábado.
uns (wir-)treffen der Samstag
Wir treffen uns am Samstag.

Zeit & Datum

Wendungen wie „am Montag“ oder „montags“ werden im Spanischen mit dem bestimmten Artikel ausgedrückt.

Los lunes muchos museos están cerrados.
die Montage viele Museen (sie-)sind geschlossen
Montags sind viele Museen geschlossen.

Monate

enero	Januar	**julio**	Juli
febrero	Februar	**agosto**	August
marzo	März	**septiembre**	September
abril	April	**octubre**	Oktober
mayo	Mai	**noviembre**	November
junio	Juni	**diciembre**	Dezember

en el mes de julio
in der Monat von Juli
im Monat Juli

en julio
in Juli
im Juli

Beim Datum wird lediglich der erste des Monats als Ordnungszahl angegeben, sonst werden die Tage mit den Grundzahlen benannt. Bei den Jahreszahlen zählt man nicht wie im Deutschen mit Vielfachem von Hundert (z. B. „Neunzehnhundert“), sondern mit mil *(tausend).*

Datum

¿Qué fecha tenemos?
was Datum (wir-)haben
Welches Datum haben wir?

el quince de septiembre
der fünfzehn von September
den 15. September

el primero de octubre de mil novecientos noventa y cinco
der erste von Oktober von tausend neunhunderte neunzig und fünf
der 1. Oktober 1995

Nací el seis de mayo ...
(ich-)geboren-wurde der sechs von Mai ...
Ich wurde am 6. Mai ... geboren.

¿Qué día tenemos hoy?
was Tag (wir-)haben heute
Welchen Tag haben wir heute?

Hoy es sábado.
heute (es-)ist Samstag
Heute ist Samstag.

Jahreszeiten

Die Bezeichnungen für die Jahreszeiten werden stets mit dem Artikel verwendet.

la primavera	Frühling	**el otoño**	Herbst
el verano	Sommer	**el invierno**	Winter

Maße & Mengenangaben

un centímetro	1 cm	**un litro**	1 l
un metro	1 m	**un gramo**	1 g
un kilómetro	1 km	**un kilogramo**	1 kg

una mano	eine Handvoll
una botella	eine Flasche
una ración	eine Portion
una docena	ein Dutzend
un vaso	ein Glas
una bronca	ein Haufen, viel
un chorro	(ein Schwall)
un tocecito	ein bisschen

Kurz-Knigge

Natürlich gibt es auch in Costa Rica einige Besonderheiten im Umgang mit der einheimischen Bevölkerung. Man möge bedenken, dass der Großteil der Einwohner katholisch ist, so dass andere Moral- und Wertvorstellungen als in Deutschland herrschen.

Zur Begrüßung und Höflichkeit ist folgendes zu sagen: Männer untereinander begrüßen sich mit Handschlag, wobei es einige interessante Arten gibt. Einfach mal drauf achten! Männer begrüßen Frauen und Frauen andere Frauen mit einem Küsschen auf die Wange. Ebenso verabschiedet man sich auch wieder. Selbst wenn man sich in einer größeren Gruppe befindet, wird jede Person einzeln begrüßt und verabschiedet. Natürlich sollte man sich freundlich und ruhig verhalten und die kleinen Worte por favor (bitte) und muchas gracias (danke) nicht vergessen. Fremde sollte man der Höflichkeit wegen immer mit Usted (Sie) anreden. Ist man vertrauter miteinander kann man immer noch zum tú (Du) übergehen.

Zur Kleidung: Außer am Strand sollte man sich, gerade als Frau, nicht zu freizügig kleiden. Nacktbaden, auch an einsam erscheinenden Stränden, kann durchaus gefährlich werden, weil ein entblößter

Körper als Aufforderung zum Sex verstanden werden kann. Am besten eignet sich leichte, lockere Kleidung und festes Schuhwerk, da man in freier Natur auf Schlangen und andere giftige Tiere oder Pflanzen stoßen kann.

Zeiten

Das Leben in Costa Rica fängt wegen der früh einsetzenden Dunkelheit (zwischen 18.00 Uhr und 18.30 Uhr) relativ früh an. Gegen halb sieben Uhr morgens ist der größte Teil der Bevölkerung schon auf den Beinen, dafür ist auf dem Lande gegen 21 Uhr Nachtruhe angesagt. In der Hauptstadt San José kann es dagegen abends durchaus später werden.

Pünktlichkeit

Mit 20 bis 30 Minuten Verspätung sollte man rechnen. Die Zeitangaben ahora (jetzt) und ahorita (jetzt sofort) sind keineswegs wörtlich zu nehmen. Es kann sich dabei um eine Zeiteinheit von einer halben Stunde, durchaus aber auch um mehrere Tage handeln. Gleiches gilt für das Wort mañana (morgen), das man besser mit „nicht heute“ übersetzt.

Wegbeschreibungen

Auch persönliche Verabredungen sollte man nicht zu ernst nehmen, denn manchmal kommt was dazwischen oder man hat es einfach vergessen. Dies ist auch keinesfalls böse gemeint. Nach wie vor gelten in allen Lebenslagen kleine Notlügen als liebenswürdiger als die so offensichtliche brutale Wahrheit.

Es empfiehlt sich, gleich mehrere Auskünfte einzuholen, da es als unhöflich gilt, keine Auskunft zu geben. Der Höflichkeit halber gibt man deshalb lieber eine falsche Auskunft als gar keine.

Beschleunigung behördlicher Vorgänge

Um unnötigen Ärger und lange Wartezeiten zu vermeiden, setzt man auch heute noch chorismo ein. Das bedeutet wörtlich illegal, in diesem Sinne „unter-dem-Tisch-Aktionen“. Wagen- und andere Papiere erhält man so etwas schneller, ebenso Auskünfte. Am besten ist es, wenn man jemanden kennt, oder jemanden kennt, der jemanden kennt. Kleine Dienste erhalten die Freundschaft.

Sicherheit

Schmuck und andere Wertgegenstände nicht im Auto lassen oder öffentlich tragen. Besser einen sicheren Platz wählen und die nähere Umgebung immer im Auge behalten. All zu schnell ist ein Gepäckstück verschwunden, die goldene Kette vom Hals gerissen oder der Wagen ausgeraubt. Bei Diebstählen von Papieren und Pässen unbedingt eine Anzeige erstatten, da sie gerne an Orten von Verbrechen zurückgelassen werden und man schnell unter den Verdächtigen ist. In Menschenmengen den Rucksack besser vor dem Bauch tragen und bei Benutzung von öffentlichen Bussen einen Platz wählen, von dem aus man das Gepäckfach beobachten kann. Denn schon so mancher Reisende fand seinen Rucksack am Zielort nicht mehr vor.

Namen & Anrede

Der Costaricaner hat normalerweise zwei Vornamen sowie zwei Nachnamen. Die Nachnamen setzen sich aus dem jeweils ersten Nachnamen der beiden Elternteile zusammen.

Der erste Nachname ist der erste Nachname des Vaters, der zweite Nachname der erste Nachname der Mutter. Für die Kinder fallen demzufolge die jeweils zweiten Nachnamen der beiden Elternteile weg.

Hector Antonio	**Hernandez Argumedo**
1.+2. Vorname	1. + 2. Nachname

In der Anrede wird meist der erste Vorname benutzt, mit vorgesetztem Señor oder Señora.

Señora Olga	Frau Olga
Señor Diego	Herr Diego

Formeller und höflicher ist die Anrede Doña Olga oder Don Diego, gerade bei älteren Menschen. Bei Fragen nach dem Weg oder anderen Auskünften von unbekannten Personen kann man die Anrede Señor, Señora auch ohne Namen verwenden. Männer untereinander reden sich umgangssprachlich meist mit mae an. Ursprünglich maje geschrieben, stammt es sowohl von dem Verb majer (zerdrücken), zerstoßen als auch von maje = tonto (Dummkopf) ab. In Costa Rica hat es jedoch keine negative Bedeutung, sondern wird mehr als Füllwort wie das deutsche äij verwandt.

Oft hört man auch für Männer primo *(Vetter) oder für Frauen* tia *(Tante).*

Begrüßen & verabschieden

begrüßen

¡Buenos días!	Guten Morgen/Tag! *(6 a.m.-12 a.m.)*
¡Buenas tardes!	Gute(n) Tag/Nacht! *(12 a.m.-6 p.m.)*
¡Buenas noches!	Gute Nacht! *(6 p.m.-6 a.m.)*

¡Buenas!	Gute(n) Tag/Nacht!
¡Hola!	Hallo! (*unter Bekannten*)
¡Hupe!	Hallo!

¡Buenas! *wird umgangssprachlich häufig verwendet.* ¡Hupe! *sagt man, wenn man bei jemandem an die Tür klopft.*

Der ersten Begrüßung folgt normalerweise die Frage nach dem Befinden.

¡Buenas! ¿Cómo estás?
gute wie (du-)bist
Guten Tag! Wie geht's?

¡Hola! ¿Qué tal?
hallo was solches
Hallo! Wie geht's?

¡Hola! ¿Cómo está Usted?
hallo wie (es-)ist Sie
Hallo! Wie geht es Ihnen?

¡Buenos días! ¿Cómo le va?
gute Tage wie Ihnen (es-)geht?
Guten Tag! Wie geht es Ihnen?

Oft verwandt wird auch ¿Qué me dices? *(Was sagst Du mir?). Darauf antwortet man jedoch nicht wie bei uns mit ausführlichen Beschreibungen seines Wohlbefindens, sondern einfach mit* pura vida *(pures Leben) oder* tu anis. *Letzteres entstand aus einem Hörfehler, denn es waren die Worte eines Amerikaners, der* too nice *(zu schön) sagte.*

Die Frage nach dem Befinden beantwortet man meist global mit bien (gut) und kontert mit der Gegenfrage ¿Y Usted? (Und Ihnen?).

Muy bien, gracias.
Sehr gut, danke.

¿Y Usted/tú?
Und Ihnen/Dir?

Pura vida.
pures Leben
Klasse.

Igual que siempre.
gleich dass immer
Wie immer.

Muy mal.
sehr schlecht
Sehr schlecht.

Más o menos.
mehr oder weniger
Es geht so.

Ni muy muy, ni tan tan.
weder sehr sehr noch so so
So lala.

sich vorstellen

Mi nombre es...
mein Name (er-)ist...
Mein Name ist...

Me llamo...
mich (ich-)rufe...
Ich heiße...

¿Cuál es su nombre?
welcher (er-)ist Ihr Name
Wie ist Ihr Name?

Con mucho gusto (en conocerle).
mit viel Gefallen (in kennen lernen-Sie)
Sehr erfreut, Sie kennen zu lernen.

Encantado. / Encantada.
entzückt (m/w)
Sehr erfreut.

Igualmente.
gleich
Ganz meinerseits.

sich verabschieden

¡Hasta luego!	Bis später.
¡Hasta mañana!	Bis morgen.
¡Hasta más tarde!	Bis später.
¡Adiós! / ¡Chau!	Tschüß!
¡Nos vemos!	Wir sehen uns.

¡Qué te vaya bien!
dass Dich (es-)gehe gut
Alles Gute! (duzend)

¡Qué le vaya bien!
dass Ihnen (es-)gehe gut
Alles Gute! (siezend)

¡Cuídate!
vorsehe-dich
Pass auf Dich auf!

¡Cuídese bastante!
vorsehen(-Sie)-sich ziemlich
Passen Sie auf sich auf!

Bitten, wünschen, danken

bitten

¿Por favor, puedo...?
für Gefallen (ich-)kann
Bitte, kann ich...?

¿Disculpe, dónde está...?
entschuldigen(-Sie) wo (es-)ist
Entschuldigung, wo ist...?

Con permiso.
mit Erlaubnis
Gestatten Sie?

wünschen

¡Mucha/buena suerte!	Viel Glück!
¡Qué te disfrutes!	Viel Vergnügen!
¡Buen viaje!	Gute Reise!
¡Feliz cumpleaños!	Alles Gute zum Geburtstag!
¡Feliz navidad!	Frohe Weihnachten!
¡Feliz año nuevo!	Frohes neues Jahr!

danken

Muchas gracias.	Vielen Dank.
Muy agradecido.	Vielen Dank.
Muy amable.	Sehr liebenswürdig.
Le agradezco mucho.	Ich danke Ihnen vielmals.

sich entschuldigen

¡Disculpa!/¡Disculpe!	Entschuldige!/ Entschuldigen Sie!
¡Perdón!	Entschuldigung!
¡Lo siento!	Tut mir Leid!
¡Lo lamento!	Ich bedauere es.

Auf eine Entschuldigung antwortet man:

Auf „Danke." antwortet man nicht mit por favor *sondern mit* de nada *(von nichts) „Keine Ursache".*

No pasó nada.
nicht (es-)passierte nichts
Es ist nichts passiert.

No te preocupes.
nicht dich sorge(-du)
Mach dir keine Sorgen.

No se preocupe.
nicht sich sorgen(-Sie)
Machen Sie sichkeine Sorgen.

Floskeln & Redewendungen

fíjese / vea / mira / mire *wird oft als Einleitung für eine Erzählung benutzt, während man* creo que *und* me parece que *mehr als Antwort auf eine Frage nach der eigenen Meinung verwendet.*

berichten / meinen

Creo que...	Ich glaube, dass...
Me parece que...	Mir scheint, dass...
¡Fíjate!/ ¡Fíjese!	Stell' dir vor!/ Stellen Sie sich vor!
¡Vea!	Sehen Sie!
¡Mira!/ ¡Mire!	Schau' mal!/ Schauen Sie mal!
¡Oiga!/ ¡Escúchame!	Hören Sie!/ Hör mir mal zu!
¡Póngame atención!	Darf ich um Ihre Aufmerksamkeit bitten!
¡Imagínese!	Stellen Sie sich vor!

zustimmen / Vorschlag annehmen

¡Sí!	Ja!
¡Claro que sí!	Natürlich, sicher!
¡Cómo no!	Auf jeden Fall!
¡Exáctamente!	Genau!
¡Así es!	So ist es!
¡Buena idea!	Gute Idee!

¡Positivo!	Positiv.
Sí, con mucho gusto!	Ja, mit Vergnügen.
¿Porqué no?	Warum nicht?

Tienes razón.
(du-)hast Vernunft
Du hast Recht.

Tiene razón.
(er/sie-)hat Vernunft
Er/Sie hat Recht. / Sie haben Recht.

!De acuerdo!
von Übereinkunft
Einverstanden.

Eso es verdad.
das (es-)ist Wahrheit
Das ist wahr.

ablehnen

¡No, gracias! Nein, danke!

¡No me gusta!
nicht mir (es-)gefällt
Nein, das gefällt mir nicht.

¡Qué lástima!
was Bedauern
Wie schade!

¡No es así!
nicht (es-)ist so
Das ist nicht so.

¡No lo creo!
nicht es (ich-)glaube
Das glaube ich nicht.

¡No lo quiero!
nicht es (ich-)will
Das möchte ich nicht.

¡No me agrada!
nicht mir (es-)gefällt
Das gefällt mir nicht.

sich freuen

¡Qué bueno!	Wie gut!, Wie schön!
¡Buenísimo!	Super!
¡Me gusta mucho!	Das gefällt mir sehr!
¡Qué rico!	Wie schön!, Wie lecker!

¡Qué lindo!	Wie hübsch!
¡Me encanta!	Es gefällt mir wahnsinnig gut!
¡Qué tuanis!	Wie glücklich!

überrascht sein

¿De veras?/¿De verdad?	Wirklich?
¡Increíble!	Unglaublich!
¿Qué?	Was?
¡No me diga!	Was Sie nicht sagen!
¿Cómo?	Wie?
¿Qué dices?	Was sagst Du?
¡Repite, por favor!	Wiederhole das bitte!
¡En serio!	Im Ernst!

gleichgültig sein

Sagt man Me resbala., *streicht man zusätzlich mit der Hand unterm Kinn nach vorn.*

No me importa.
nicht mir (es-)bedeutet
Das spielt keine Rolle.

Me da igual.
mir (es-)gibt gleich
Ist mir gleich.

Me resbala.
mich (es-)ausrutscht
Ist mir total egal.

Porta a mí.
(es-)trägt zu mir
Egal.

Angst haben

Tengo miedo de ...
(ich-)habe Angst von
Ich habe Angst vor ...

Me preocupa que ...
mich (es-)beunruhigt dass
Ich mache mir Sorgen, dass ...

Me muero de miedo.
mich (ich-)sterbe von Angst
Ich sterbe vor Angst.

Tengo mucho miedo.
(ich-)habe viel Angst
Ich habe große Angst.

Me tiemblan las piernas.
mich (sie-)zittern die Beine
Mir zittern die Beine.

Me estoy cagando de miedo.
mich (ich-)bin scheißend von Angst
Ich mache mir vor Angst in die Hose.

Me estoy miando de miedo.
mich (ich-)bin pinkelnd von Angst
Ich mache mir vor Angst in die Hose.

Mitleid haben

No se preocupe.
nicht sich (Sie-)sorgen
Machen Sie sich keine Sorgen.

¡Qué mala suerte!
was schlechte Glück
So ein Pech!

¡Pobrecito!
Du Ärmster!/
Der Ärmste!

¡Pobrecita!
Du Ärmste!/
Die Ärmste!

Esté tranquilo.
seien(-Sie) ruhig
Bleiben Sie ruhig.

¡Tómalo del cuello!
nimm(-du)-es vom Hals
Reg dich nicht auf!

¡Llevela suave!
tragen(-Sie)-sie weich
Nehmen Sie's leicht.

¡Relájate!
entspanne(-du)-dich
Entspann' Dich! (Relax!)

Das erste Gespräch

Buenos días. ¿Cómo está Usted?
gute Tage wie (er-/sie-)ist Sie
Guten Tag. Wie geht es Ihnen?

¿De qué país es Usted?
von was Land (er/sie-)ist Sie
Aus welchem Land kommen Sie?

Soy de Alemania.
(ich-)bin von Deutschland
Ich bin aus Deutschland.

Ah, interesante. ¿Y de qué ciudad en Alemania?
ah interessant. und von was Stadt in Deutschland
Ah, interessant. Und aus welcher Stadt in Deutschland?

Düsseldorf, en el centro de Alemania.
Düsseldorf in der Zentrum von Deutschland
Düsseldorf, im Zentrum Deutschlands.

¿Cómo se llama Usted?
wie sich (er/sie-)ruft Sie
Wie heißen Sie?

Me llamo Regine.
mich (ich-)rufe Regine
Ich heiße Regine.

¿Y cual es su apellido?
und welcher (er-)ist Ihr Nachname
Und wie ist Ihr Nachname?

Mi apellido es Rauin.
mein Nachname (er-)ist Rauin
Mein Nachname ist Rauin.

Está bien. ¿Usted está aquí por vacaciones?
(es-)ist gut Sie (er/sie-)ist hier für Urlaub
Gut. Machen Sie hier Urlaub?

No, estoy trabajando.
nein (ich-)bin arbeitend
Nein, ich arbeite hier.

¿Qué está haciendo Usted en Alemania?
was (er/sie-)ist machend Sie in Deutschland
Was machen Sie in Deutschland?

Soy arquitecta.
(ich-)bin Architektin
Ich bin Architektin.

Berufe

empleado – obrero	Angestellter – Arbeiter
médico – panadero	Arzt – Bäcker
campesino – electricista*	Bauer – Elektriker
peluquero – ama de casa	Friseur – Hausfrau
periodista* – enfermero	Journalist – Krankenpfleger
maestro – gerente*	Lehrer – Manager
mecánico – carnicero	Mechaniker – Metzger
policía* – abogado	Polizist – Rechtsanwalt
pensionado – sastre*	Rentner – Schneider
alumno – estudiante*	Schüler – Student
artista* – vendedor	Künstler – Verkäufer
científico	Wissenschaftler

*Die mit * gekennzeichneten Hauptwörter haben nur eine Form, alle anderen bilden die weibliche Berufsbezeichnung auf* -a.

Studienfächer

arquitectura - biología	Architektur - Biologie
economía - química	BWL, VWL - Chemie
geografía - historia	Geographie - Geschichte
informática - derecho	Informatik - Jura
matemática - medicina	Mathematik - Medizin
música - pedagogía	Musik - Pädagogik
física - psicología	Physik - Psychologie

¿Cuánto tiempo tiene Usted en Costa Rica?
wie-viel Zeit (er/sie-)hat Sie in Costa Rica
Wie lange bleiben Sie in Costa Rica?

Tengo un año.
(ich-)habe ein Jahr
Für ein Jahr.

¿Cuántos años tiene Usted?
wie-viele Jahre (er/sie-)hat Sie
Wie alt sind Sie?

Tengo treinta y tres años.
(ich-)habe dreißig und drei Jahre
Ich bin dreiunddreißig.

¿Usted tiene hermanos?
Sie (er/sie-)hat Brüder
Haben Sie Geschwister?

Sí, tengo una hermana.
ja (ich-)habe eine Schwester
Ja, ich habe eine Schwester.

¿Usted está casado/-a?
Sie (er/sie-)ist verheiratet (m/w)
Sind Sie verheiratet?

No, estoy soltero/-a.
nein (ich-)bin unverheiratet (m/w)
Nein, ich bin ledig.

¿Le gusta aquí?
Ihnen (es-)gefällt hier
Gefällt es Ihnen hier?

Sí, este país es muy bonito. Me gusta mucho.
ja dieser Land (er-)ist sehr schön mir (er-)gefällt viel
Ja, dieses Land ist sehr schön. Es gefällt mir sehr gut.

Zu Gast sein

In Costa Rica sind die Einladungen recht zwanglos. Wenn man von Freunden oder Bekannten eingeladen wird, ist das durchaus ernst gemeint und kann von einem gemeinsamen Fernsehabend bis zu einem Abendessen gehen. Oft kommt man auch einfach vorbei, um sich ein wenig zu unterhalten. Liegt kein größerer Anlass vor, z. B. ein Geburtstag oder eine Hochzeit, wird auch kein Geschenk erwartet. Es steht einem natürlich frei, trotzdem eine kleine Aufmerksamkeit mitzubringen.

¡Pase adelante!
gehen(-Sie) vorwärts
Treten Sie ein!

¡Siéntese por favor!
setzen(-Sie)-sich für Gefallen
Setzen Sie sich bitte!

¡Muy amable!
Sehr liebenswürdig!

¿Cómo está la familia?
wie (sie-)ist die Familie
Wie geht es der Familie?

¿Quiere tomar algo?
(er/sie-)will nehmen etwas
Möchten Sie etwas trinken?

Sí, gracias.
Ja, danke.

¿Un cafecito, un fresco, algo de comer?
ein Kaffeechen ein Frische etwas von essen
Einen Kaffee, einen Saft oder vielleicht etwas zu essen?

Sí, algo de comer, por favor.
ja etwas von essen für Gefallen
Ja, etwas zu essen, bitte.

!Sírvase/Sírvete, por favor!
bedienen(-Sie)-sich/bediene(-du)-dich für Gefallen
Nehmen Sie sich doch, bitte!/Nimm Dir doch, bitte!

¡Qué rica la comida!
was reich die Essen
Sehr lecker das Essen!

¿Quieres algo más?
(du-)willst etwas mehr
Möchtest Du noch etwas?

No, gracias, pero está muy rico todo.
nein danke aber (es-)ist sehr reich alles
Nein, vielen Dank, aber es ist alles sehr lecker.

Ein Gallo *ist eine U-förmig gebogene Tortilla, in die eine kleine Portion des jeweiligen Gerichtes gefüllt wird.*

¿Tal vez un gallito?
solch Mal ein Hähnchen
Vielleicht ein Gallo?

¿Me pasas/pasa los frijoles, por favor?
mich (du-)reichst/(er/sie-)reicht die Bohnen für Gefallen
Reichst Du/Reichen Sie mir bitte die Bohnen?

¿Dónde está su familia ahora?
wo (sie-)ist Ihre Familie jetzt
Wo ist Ihre Familie im Moment?

¿Tiene novio/novia/hermanos/hijos?
(er/sie-)hat Freund/Freundin/Brüder/Söhne
Haben Sie einen Freund/eine Freundin/ Geschwister/Kinder?

Sí, tengo fotos de ellos, puedo demostrárselas.
ja (ich-)habe Fotos von sie (ich-)kann zeigen-sich-Sie
Ja, ich habe Fotos von ihnen und kann sie Ihnen gerne zeigen.

Die Familie

amigo	Freund	**amiga**	Freundin
novio	Verlobter	**novia**	Verlobte
marido, esposo	Ehemann	**esposa**	Ehefrau
papá, padre	Vater	**mamá, madre**	Mutter
abuelo	Großvater	**abuela**	Großmutter
nieto	Enkel	**nieta**	Enkelin
hermano	Bruder	**hermana**	Schwester
hijo	Sohn	**hija**	Tochter
tío	Onkel	**tía**	Tante
sobrino	Neffe	**sobrina**	Nichte
primo	Cousin	**prima**	Cousine
cuñado	Schwager	**cuñada**	Schwägerin
suegro	Schwieger-vater	**suegra**	Schwieger mutter
padres	Eltern	**familia**	Familie

In Costa Rica, wie auch in anderen lateinamerikanischen Ländern, nimmt die Familie einen wichtigen Platz im Leben ein. Meist wohnen mehrere Generationen zusammen in einem Haus. Oft sind die Beziehungen der Cousins untereinander die wichtigsten Freundschaften.

Essen & trinken

costaricanische Spezialitäten

gallo pinto
nationales Frühstück, bestehend aus Reis & Bohnen, die zusammen gebraten werden (*auf der Karibikseite mit Kokosöl*)

... con huevos	... mit Eiern
... con huevos pateados	... mit Rührei
... con huevos fritos	... mitSpiegelei
... con carne	... mit Fleisch
... con natilla	... mit Sauerrahm

cafe negro schwarzer Kaffee
cafe con leche Kaffee mit Milch

continental breakfast
Touristenfrühstück, normalerweise mit Früchten, Kaffee & Toastbrot

plato de frutas
Teller mit verschiedenen landestypischen Früchten

ensalada de frutas	Obstsalat
... con helados	... mit Eiscreme

casado	typisches Mittagessen, Reis & Bohnen werden separat serviert
... con carne de res	... mit Rindfleisch
... en salsa	... in Soße
... con pollo frito	... mit gegrilltem Huhn
... con pescado frito	... mit gegrilltem Fisch corvina
olla de carne	Gemüsesuppe mit Rindfleisch

sopa negra
schwarze Bohnensuppe, mit zwei hart gekochten Eiern, scharf
chilero (*Soße*)
in Essig eingelegtes Gemüse, sehr scharf
ron-don
Gemüsesuppe mit Kokosöl und Fisch angerichtet (*Karibikküste*)
tamal
Maisteig, mit Reis und anderen Zutaten gefüllt, wird in Bananenblätter gerollt und gekocht
tamal de elote
süßer tamal
tamales
Maisplätzchen mit süßer Füllung
rosquillas
kleines, gerolltes Maisgebäck, meist mit Käse gefüllt
empanadas
süße rosquillas

postre	Nachspeise
queque/pastel	Kuchen
tres leches	feuchter Kuchen
flan de vanilla	Vanillepudding
arroz con leche	Milchreis
helado	Eiscreme

gallos	Maisfladen
... de salchichón	... mit einer speziellen Wurst
... de picadillo	... mit Gemüse- und Hackfleischfüllung
pañuelitos (pañuelo = *Handtuch*)	kleine Blätterteigtaschen mit verschiedenen Füllungen, süß & herzhaft
arreglados	Blätterteig mit Hackfleischfüllung, rund
manís	Erdnüsse
palmitos	Palmherzen

Im Restaurant

Das Trinkgeld propina *wird in den Restaurants und Hotelbars bereits in der Rechnung mitausgewiesen und beträgt ca. 10 %.*

In Costa Rica sind alle Mahlzeiten sehr reichhaltig. Gefrühstückt wird zwischen 6 und 7 Uhr. Um 9 Uhr nimmt man einen café, d. h. Kaffee mit Brot und Butter zu sich. Das Mittagessen findet zwischen 12 und 13 Uhr statt, um 16 Uhr ist wieder Zeit für einen café. Zwischen 18 und 19 Uhr isst man zu Abend. Am preiswertesten kann man in den sodas essen, die meist auch ein günstiges Mittagessen comida corriente anbieten. Hier dürfen jedoch keine alkoholischen Getränke ausgeschenkt werden.

soda	einfaches, günstiges Restaurant, meist ohne Alkoholausschank
restaurant	Restaurant

comida	Mahlzeit	**plato**	Teller
desayuno	Frühstück	**vaso**	Glas
almuerzo	Mittagessen	**copa**	Weinglas
cena	Abendessen	**taza**	Tasse
menú, carta	Speisekarte	**cuchillo**	Messer
cubierto	Gedeck	**cuchara**	Löffel
servilleta	Serviette	**tenedor**	Gabel

¡Salonero/Salonera, por favor!
Saalmann/Saalfrau für Gefallen
Bedienung, bitte.

El menú, por favor!
der Menü für Gefallen
Die Karte, bitte.

Me gustaría comer pollo, por favor.
mir (es-)gefiele essen Huhn für Gefallen
Ich hätte gern ein Huhn, bitte.

Me gustaría beber un jugo, por favor.
mir (es-)gefiele trinken ein Saft für Gefallen
Ich würde gern einen Saft trinken, bitte.

¿Qué nos recomienda?
was uns (er-/sie-)empfiehlt
Was empfehlen Sie uns?

Tengo una queja.
(ich-)habe eine Klage
Ich habe eine Beschwerde.

La comida está fría.
die Essen (sie-)ist kalt
Das Essen ist kalt.

Me gustaría reservar una mesa para dos personas, por favor.
mir (es-)gefiele reservieren eine Tisch für zwei Personen für Gefallen
Ich möchte einen Tisch für 2 Personen reservieren.

¿Me da una servilleta, por favor?
mir (er/sie-)gibt eine Serviette für Gefallen
Können Sie mir bitte eine Serviette geben?

Un vaso, por favor.
ein Glas für Gefallen
Kann ich bitte ein Glas bekommen?

La cuenta, por favor.
die Rechnung für Gefallen
Die Rechnung, bitte.

¡La cuenta está mal hecha!
die Rechnung (sie-)ist schlecht gemacht
Die Rechnung stimmt nicht.

¡Usted me dio el cambio mal!
Sie mir (er/sie-)gab der Wechsel schlecht
Das Wechselgeld stimmt nicht.

¿Dónde se encuentran los servicios sanitarios?
wo sich (sie-)befinden die Anlagen sanitäre
Wo sind die Toiletten?

für den kleinen Hunger zwischendurch

pulpería	kleiner Supermarkt, „Büdchen“
minisuper, supermercado	kleiner Supermarkt, Supermarkt
panadería, repostería	Bäckerei, Backwaren jeder Art
carnicería	Fleischerei
verdulería	Obst- und Gemüseladen

¿Cuánto cuesta el helado?
wie viel (er-)kostet der Eis
Was kostet das Eis?

¿Hay frutas frescas?
(es-)hat Früchte frische
Gibt es frische Früchte?

¿Están frescas las frutas?
(sie-)sind frisch die Früchte
Sind diese Früchte frisch?

Fleisch – carne

carne blanca – carne roja	„weißes Fleisch“ – „rotes Fleisch“
pescado	Fisch
carne de pollo	Hühnerfleisch
carne de res	Rindfleisch
carne de cerdo	Schweinefleisch

Fisch – pescado

pescado – pez, peje	Fisch (tot / lebendig)
mariscos	Meeresfrüchte
calamares	Tintenfisch
langosta	Languste
camarones	Shrimps
chuchecas – cambutes	Muscheln – (seltene) Muschelart
pargo – corvina	Barsch – Seebarsch
tiburón – trucha	Hai – Forelle
ceviche	gekochter Seebarsch mit Zitrone

Gemüse – vegetales, verduras

pepino – tomate	Gurke – Tomate
zucchini – ayote	Zucchini – Kürbis
chayote (*Mischung aus Kartoffel + Kohlrabi*)	birnenförmige Frucht grün o. weiß,
zanahoria – apio	Mohrrübe – Sellerie
papa – lechuga	Kartoffel – Kopfsalat
repollo – col	Weißkohl – Kohl (*allgemein*)

Gewürze – especies

cebolla – ajo	Zwiebel – Knoblauch
sal – azúcar	Salz – Zucker
cilantro, culantro	Koriander (*grün, intensiv*)
pimienta – chile	Pfeffer (*schwarz*) – Chili
vinagre – aceite	Essig – Öl
aceite de oliva	Olivenöl
aceite de vegetales	Salatöl
orégano – canela	Oregano – Zimt

alkoholische Getränke – und wo man sie bekommt

cantinas
billige Bars, die fast ausschließlich von Männern besucht werden

taberna, bar
anspruchsvollerer Ort (*meist mit Sitzplätzen*)

guaro (con limón) *ist ein sehr günstiger Schnaps. Er wird meist mit Salz & Zitrone getrunken.*

cerveza, birra	Bier
guaro (con limón)	Nationalschnaps
guaro con squirt	Guaro mit einer Art Grapefruit
guaro con coca/ soda	Guaro mit Coca-Cola/ Mineralwasser
submarino	Bier mit Guaro
whiskey – vodka – anis	Whiskey – Wodka – Anisschnaps
ron (colorado)	(roter National-) Rum
ginebra (extra concha)	(National-) Gin

brandy – cóctel	Brandy – Cocktail
margarita	Zitronensaft mit Triplesec
vino blanco – rosado – tinto	Weißwein – Roséwein – Rotwein
chirrite	Zuckerrohrschnaps

chirrite *ist ein illegaler Schnaps, da er meist eingeschmuggelt wurde, und ist deshalb nur in einschlägigen Bars zu haben.*

nichtalkoholische Getränke – bebidas

club soda, agua mineral	Mineralwasser
refresco	Erfrischungsgetränk
fresco natural	Fruchtsaft
fresco de piña	Ananassaft
batido (de papaya)	Milchshake (*mit Papaya*)
horchata	Getränk aus Reisgrieß, Zucker und Wasser
jugo de caña	Zuckerrohrsaft
cafe	Kaffee
sin leche/azúcar	ohne Milch/Zucker
té	Tee
con leche/azúcar	mit Milch/Zucker

Leitungswasser kann zu 90 % getrunken werden. Nur an öffentlichen Plätzen sollte man nicht aus den Wasserhähnen trinken.

Unterkunft

In Costa Rica gibt es viele Individualreisende, deshalb bieten die meisten Hotels organisierte Touren an, die vom geführten Dschungelspaziergang über Rafting und Kajaking bis zu mehrtägigen Hikes gehen. Da man gerade im Regenwald vielen Gefahren ausgesetzt ist, sind diese Touren meist sehr informativ und geben interessante Einblicke in die Pflanzen- und Tierwelt.

¿Hay un hotel por aquí cerca?
(es-)hat ein Hotel für hier nah
Gibt es hier in der Nähe ein Hotel?

Nececitamos una habitación con baño privado por dos noches.
(wir-)brauchen eine Zimmer mit Bad privat für zwei Nächte
Wir hätten gerne ein Zimmer mit eigenem Bad für zwei Nächte.

¿Tiene una habitación libre para dos personas?
(er/sie-)hat eine Zimmer frei für zwei Personen
Haben Sie ein Zimmer für zwei Personen frei?

¿Podríamos verla?
(wir-)könnten sehen-sie
Könnten wir es sehen?

¿Podría mostrármela?
(er/sie-)könnte zeigen-mir-sie
Könnten Sie es mir zeigen?

¿Hay agua caliente?
(es-)hat Wasser warm
Gibt es warmes Wasser?

Está bien. Nos quedamos aquí.
(es-)ist gut uns (wir-)bleiben hier
Gut. Wir bleiben hier.

¿A qué hora es el desayuno?
zu was Stunde (es-)ist der Frühstück
Um wie viel Uhr gibt es Frühstück?

Disculpe, pero el agua caliente no sirve.
entschuldigen(-Sie) aber der Wasser warm nicht (er-)dient
Entschuldigung, aber das warme Wasser funktioniert nicht.

¿Es posible hacer tours aquí?
(es-)ist möglich machen Touren hier
Ist es möglich, hier Touren zu machen?

Necesito/Necesitamos ...
(ich-)brauche / (wir-)brauchen
Ich/Wir brauche(n) ...

Falta un/una ...
(es-)fehlt ein/eine ...
Es fehlt ein/eine ...

... no funciona.
... nicht (er-/sie-)funktioniert
... funktioniert nicht.

hotel (*m*)	Hotel
cabina	einfache Unterkunft
cuarto sencillo	Einzelzimmer
cuarto doble	Doppelzimmer

Eine cabina *ist einfache Unterkunft mit eigenem Eingang, bestehend aus einem Zimmer und Bad – beliebte Unterkunft, da meist sehr günstig.*

baño privado	eigenes Bad
compartible	Gemeinschaftsbad
ducha	Dusche
agua caliente	warmes Wasser
cama (matrimonial)	(Doppel-)Bett
piso	Stockwerk
patio	Innenhof
jardín (*m*)	Garten
piscina	Schwimmbeken
ventilador	Ventilator
aire acondicionado	Klimaanlage
llave (*w*)	Schlüssel
mosquitero	Moskitonetz
toalla – jabón (*m*)	Handtuch – Seife
sábana	Bettlaken
cubrecama	Bettdecke
almohada	Kopfkissen

Unterwegs

in der Stadt – San José

Da die Innenstadt gut ausgeschildert ist, kann man sich mit Hilfe eines Stadtplanes auch gut an den Straßenschildern orientieren, wen man das Wegesystem einmal durchschaut hat.

San José ist schachbrettförmig aufgebaut. Die Straßen unterteilen sich in Avenidas (Westen gen Osten) und Calles (Norden gen Süden). Von einem zentralen Punkt im Zentrum der Stadt aus sind die Avenidas in Richtung Osten gerade, in Richtung Westen ungerade numeriert. Entsprechend haben die Calles in Richtung Norden gerade, in Richtung Süden ungerade fortlaufende Numerierungen. Trotz dieses Systems wird Ihnen, wenn Sie nach einem Ort, z. B. Calle 2/ Avenida 7 fragen, kaum ein tico sagen können, wohin Sie sich wenden sollen. Die costaricanischen Wegbeschreibungen (und die Adressen auf Briefen etc.) beginnen immer an einem markanten Punkt, z. B. ein bekanntes Gebäude, ein großer Baum etc. und gehen von dort blöckeweise (ein Block entspricht ca. 100 m) in die entsprechenden Himmelsrichtungen. Ein Beispiel: zum Postamt geht man vom Hotel Aurora aus 100 m gen Norden, dann 50 m gen Westen.

Als Fußgänger sollte man beim Überqueren der Straßen in der Stadt größte Vorsicht walten lassen, denn für Autofahrer ist man als Fußgänger so gut wie unsichtbar und kein Fahrer würde je auf den Gedanken kommen anzuhalten. Da es keine Fußgängerampeln gibt, kann man sich nur an den Einheimischen oder den „Auto-"Ampeln orientieren.

mit dem Bus

Die Busse sind nicht immer sehr bequem, aber das Bussystem ist gut ausgebaut, preiswert und die Abfahrtszeiten werden ziemlich genau eingehalten. Für die kürzeren Routen innerhalb der Stadt kann man den Fahrpreis an der Frontscheibe des Busses ablesen. Die Tickets für längere Strecken kauft man besser einen Tag im Voraus in einem Ticketbüro. Diese Tickets beinhalten meistens auch eine Platzreservierung. Die Fahrtstreken der Busse kann man oberhalb der Windschutzscheibe ablesen. Große Rucksäcke und andere Gepäckstücke werden im Gepäckfach gelagert. Empfehlenswert ist es aber auf jeden Fall, bei Stops ein Auge auf die ausgeladenen Gepäckstücke zu werfen, um zu vermeiden, dass man am Zielort ohne Koffer dasteht. Gerade die längeren Busfahrten können durchaus etwas Abenteuerliches bekommen, wenn Brücken nicht befahrbar sind oder Überschwemmungen zu nicht eingeplanten

Oft steigen Eis-, Frucht-, Getränke- oder Losverkäufer in die Busse, um zwischen zwei Stops ihre Waren zu verkaufen.

Wartezeiten führen. Unterhalten wird man meist durch laute Musik und gelegentlich auch durch einen Action-Film auf dem Video. Möchte man an einem anderen Punkt als der regulären Haltestelle aussteigen, zieht man an einer seitlich angebrachten Leine (falls vorhanden) oder ruft: ¡Parada, por favor! (Halten Sie bitte an!).

¿Cuándo llega el bus?
wann (er-)ankommt der Bus
Wann kommt der Bus?

¿Dónde para el bus ...?
wo (er-)hält der Bus
Wo hält der Bus?

¿Dónde puedo comprar los tiquetes?
wo (ich-)kann kaufen die Fahrscheine
Wo kann ich Fahrscheine kaufen?

¿A qué hora sale el próximo bus para Sixaola?
zu was Stunde (er-)ausgeht der nächste Bus für Sixaola
Um wie viel Uhr fährt der nächste Bus nach Sixaola ab?

¿Disculpe, de dónde sale el bus para San José?
verzeihen(-Sie) von wo (er-)ausgeht der Bus für San José
Entschuldigung, von wo fährt der Bus nach San José ab?

¡Bajamos!
aussteigen(-wir)
Wir steigen aus!

¿Queda campo?
(es-)bleibt Platz
Ist noch was frei?

Haltestellen erkennt man an einem entsprechenden Haltestellenschild, oft gibt es auch überdachte Wartehäuschen. Man kann einen Bus auch auf freier Strecke anhalten, wenn man zusteigen möchte. Vor allem an den Wochenenden kann es jedoch durch diese Dienstleistungen zu längeren Fahrtzeiten kommen, da die Ticos diesen Service gerne in Anspruch nehmen.

cuándo *(wann) entspricht mehr der Frage nach einem bestimmten Datum, weniger der nach einer Uhrzeit. Eine häufige Antwort lautet* ahorita *(sofort) – das ist aber keinesfalls wörtlich zu nehmen. Im Zweifelsfall ist eine Uhrzeitangabe erfolgversprechender.*

No hay lugar.
nicht (es-)hat Platz
Es ist kein Platz frei.

¿Dónde está la próxima parada de los buses para Puerto Viejo?
wo (sie-)ist die nächste Haltestelle von die Busse für Puerto Viejo
Wo ist die nächste Haltestelle der Busse nach Puerto Viejo?

mit dem Taxi

Da Taxifahren eine gute Einnahmequelle ist, gibt es auch illegale oder sogenannte private Taxis. Diese können oft preiswerter sein, sind aber auch unsicherer. Auf jeden Fall sollte man den Preis für die entsprechende Strecke kennen, um eine bessere Verhandlungsbasis zu haben. Bei den „normalen" Taxis hat man die Möglichkeit nach Taxameter zu bezahlen (unbedingt darauf achten, dass es eingeschaltet ist, ein kaputter Taxameter ist meist nur eine Ausrede) oder vor Fahrtbeginn einen Pauschalpreis zu vereinbaren. Bezahlt man nach Taxameter ist es ratsam, unterwegs ein Auge auf den Weg zu werfen, da mit unerfahrenen Touristen gern kleine Umwege gefahren werden. Ab 22 Uhr wird ein Nachtzuschlag von 20% verlangt.

Taxis erkennt man leicht an der roten Farbe und dem Taxischild auf dem Dach.

¿Puede encender el taxímetro por favor?
(er/sie-)kann anzünden der Taxameter für Gefallen
Können Sie bitte den Taxameter einschalten?

Der Taxameter taxímetro *wird auch* la Maria *genannt.*

Es gibt einige feste Taxistände in der Nähe größerer Hotels oder zentraler Punkte, meist hält man aber vorbeifahrende Taxis mit seitlich ausgestrecktem Arm direkt an der Straße an – aufgrund der vielen Einbahnstraßen am besten in Fahrtrichtung.

¿Cuánto cuesta/vale un tour para este hotel?
wie-viel (es-)kostet/gilt ein Tour für dieser Hotel
Wie viel kostet die Fahrt zu diesem Hotel?

¿Porqué tanto?
warum soviel
Warum soviel?

¡Pero, éste no es el camino correcto!
aber dieser nicht (er-)ist der Weg korrekt
Aber das ist nicht der richtige Weg!

¡Aquí me quedo!
hier mich (ich-)bleibe
Ich steige hier aus!

¡Pare aquí, por favor!
stoppen(-Sie) hier für Gefallen
Halten Sie bitte hier an!

mit dem Auto

Auf keinen Fall sollte man Wertgegenstände im Auto zurücklassen, da es inzwischen viele Spezialisten in Sachen Autodiebstahl gibt, die Ihren Wagen in weniger als fünf Minuten aufbrechen und leerräumen.

Im Gegensatz zu Bus- und Taxifahrten, die im Verhältnis sehr günstig sind, ist alles was mit einem eigenen Auto zu tun hat, sehr teuer. Das fängt bei den Mietwagenpreisen an und hört beim Autokauf auf, da auf Fahrzeuge sehr hohe Steuern erhoben werden. Zudem gibt es in San José kaum Parkmöglichkeiten, soweit man nicht auf einen hoteleigenen Parkplatz zurückgreifen kann oder einen bewachten bezahlen will.

Um auch abgelegenere oder weniger frequentierte Orte zu erreichen (und natürlich um Zeit zu sparen), ist ein Auto durchaus empfehlenswert. Vorteilhaft vor allem, wenn man es sich mit mehreren teilen kann. Die Straßen erforden allerdings höchste Aufmerksamkeit. Das hängt zum einen mit dem unbekümmerten Fahrverhalten der Ticos, freilaufenden Hunden, auf der Straße spielenden Kindern zusammen, vielmehr jedoch mit den plötzlich auftauchenden kraterartigen Löchern in der Fahrbahndeke. Deshalb ist von Nachtfahrten weitgehend abzuraten.

In Costa Rica geht der Witz um, dass nicht die Straßen Löcher haben, sondern die Löcher von einem Stückchen Straße umgeben sind.

¿Cuánto tiempo necesitamos para ir hasta allá?
wie-viel Zeit (wir-)brauchen für gehen bis dorthin
Wie lange brauchen wir, um dorthin zu kommen?

¿Podría mostrármelo en el mapa, por favor?
(er/sie-)könnte zeigen-mir-es in der Karte für Gefallen
Könnten Sie es mir bitte auf der Karte zeigen?

Normalerweise ist es nicht empfehlenswert, eine Straßenkarte zu Hilfe zu nehmen, da die meisten ticos *keine Karten lesen können und es deshalb eher zu mehr Verwirrung führt.*

¿Cuánto falta para ...?
wie viel (es-)fehlt für
Wie weit ist es bis ...?

Está muy cerca/lejos.
(es-)ist sehr nah/fern
Es ist sehr nah/weit.

Son 300 m al norte y después 25 m al oeste, enfrente de la casa roja.
(sie-)sind 300 m zum Norden und danach 25 m zum Westengegenüber von die Haus rot
Es ist 300 m nach Norden und danach 25 m nach Westen, gegenüber dem roten Haus.

a la izquierda	(nach) links
a la derecha	(nach) rechts
derecho, recto	geradeaus
enfrente de	gegenüber

Unterwegs

atrás	zurück	**al lado de**	neben
delante de	vor	**detrás de**	hinter
arriba	oben, hinauf	**abajo**	unten, hinunter
aquí, acá	hier	**allí, allá**	dort
por acá	hierhin	**por allá**	dorthin
cerca	nah	**lejos**	weit
calle	Strasse	**plaza**	Platz
cruce	Kreuzung	**esquina**	Ecke
semáforo	Ampel	**barrio**	Viertel

Ein microbús *ist auch als Campingwagen nutzbar*

en dirección de	in Richtung ...
en el centro de	im Zentrum von
bus – terminal	Bus – Busbahnhof
parada	Haltestelle
tiquete, boleto	Fahrschein
chófer, conductor	Busfahrer
carro – pick-up	Auto – Pick-up
doble tracción	4-Rad-Antrieb
microbús	Kleinbusse f. 8 Personen
calle – carretera	Straße – Landstraße
camino	Weg
alquilar	mieten
tarjeta de crédito	Kreditkarte
manejar, conducir	(Auto) fahren
doblar a la izquierda	nach links abbiegen
doblar a la derecha	nach rechts abbiegen
frenar, parar	bremsen, anhalten
dar la vuelta	wenden
semáforo	Ampel
cruce (*m*)	Kreuzung
mal estacionado	falsch geparkt
placa	Nummernschild
licencia (de conducir)	Führerschein

¿Dónde puedo rentar un carro?
wo (ich-)kann mieten ein Auto
Wo kann ich ein Auto mieten?

¿A cuántos kilómetros está...?
zu wie-viele Kilometer (es-)ist
Wie viele Kilometer sind es bis ...?

¿El seguro y los impuestos ya están incluidos en el precio?
der Versicherung und die Steuern schon (sie-)sind eingeschlossen in der Preis
Sind die Versicherung und die Steuern schon im Preis enthalten?

bomba (de gasolinera)	Tankstelle
gasolina	Benzin
normal – extra	normal – super
sin plomo – diesel	bleifrei – Diesel
aceite	Öl
agua de radiador	Kühlwasser
cambio de aceite	Ölwechsel
nivel de aceite	Ölstand
presión de las llantas	Reifendruck
líquido de frenos	Bremsflüssigkeit

Die Tankstellen in Costa Rica sind grundsätzlich mit Bedienung. Das Tankstellennetz ist gut ausgebaut.
Es gibt in fast allen etwas größeren Orten, sowie an den großen Überlandstraßen eine Tankstelle.
In abgelegeneren Gegenden sollte man jedoch für Vorrat sorgen. Am billigsten und auch üblichsten ist Dieselkraftstoff.

¡Lleno, por favor!
voll für Gefallen
Volltanken, bitte!

¿Está bien la presión de las llantas?
(er-)ist gut die Druck von die Reifen
Ist der Reifendruck in Ordnung?

¿Podría hacerme un cambio de aceite, por favor?
(er/sie-)könnte machen-mir ein Wechsel von Öl für Gefallen
Könnten Sie mir bitte einen Ölwechsel machen?

accidente	Unfall, Panne
servicio de llantas	Reifendienst
taller mecánico	Werkstatt
grúa	Abschleppwagen
remolcar	abschleppen
cargar la batería	Batterie aufladen
pieza de repuesto	Ersatzteil
cambiar	auswechseln
arreglar	reparieren
ajustar – revisar	einstellen – überprüfen

¿Me podría remolcar, por favor?
mich (er/sie-)könnte abschleppen für Gefallen
Könnten Sie mich bitte abschleppen?

El carro no arranca.
der Wagen nicht (er-)startet
Der Wagen springt nicht an.

Sale aceite del motor.
(es-)ausgeht Öl vom Motor
Der Motor verliert Öl.

Los frenos no funcionan bien.
die Bremsen nicht (sie-)funktionieren gut
Die Bremsen funktionieren nicht richtig.

arranque	Anlasser
batería	Batterie
freno	Bremse
caja de cambios	Getriebe
pito	Hupe
radiador	Kühler
filtro de aceite	Ölfilter
filtro de aire	Luftfilter
motor – tuerca	Motor – Mutter
bomba de agua	Wasserpumpe
bomba de gasolina	Benzinpumpe
rueda	Rad
neumático, llanta	Reifen
limpiaparabrisas	Scheibenwischer

faro	Scheinwerfer
tornillo – válvula	Schraube – Ventil
carburador – bujía	Vergaser – Zündkerze
lima – martillo	Feile – Hammer
paño	Lappen
llave de tuercas	Schraubenschlüssel
destornillador	Schraubenzieher
gata	Wagenheber
herramienta – alicate	Werkzeug – Zange

Auf dem Lande

Costa Rica hat die größte Artenvielfalt der Welt, sowohl an Tieren als auch an Pflanzen, da sich hier die Arten Süd- und Nordamerikas vermischt haben und so völlig neue Arten entstanden sind.

Costa Rica zeichnet sich vor allem durch seine Vielseitigkeit aus. Das Klima und die Vegetation sind hauptsächlich durch die Hochebene um die Hauptstadt San José und die Küstengebiete bestimmt. Die karibische Küste ist bekannt für heftige Regenfälle und ein feuchtes Klima, während die Pazifikseite eher trocken ist. Das landschaftliche Erscheinungsbild reicht von Gebirgsketten im Inneren des Landes über Regen-, Nebel- und Trockenwälder bis zu den weitläufigen Steppengebieten in Guanacaste.

norte	Norden	**este**	Osten
sur	Süden	**oeste**	Westen

Landschaft

cerro, monte	Berg	**bahía**	Bucht
costa	Küste	**finca**	Viehfarm
mar	Meer	**campo**	Feld, Land
lago	See	**rio**	Fluss
playa	Strand	**vereda**	Fußweg
carretera, calle	Straße	**cordillera**	Gebirgskette
valle	Tal	**cumbre**	Gipfel
llanura	Ebene	**cueva**	Höhle
volcán	Vulkan	**isla**	Insel
camino	Weg	**cafetal**	Kaffeeplantage

Tiere (Säugetiere)

mono	Affe	**pisote**	Nasenbär
ardilla	Eichhörnchen	**buey**	Ochse
oso perezoso	Faultier (*1*)	**zorro pelón**	Opossum
cucula	Faultier (*2*)	**ocelote, manigordo**	Ozelot
perica, ligera	Faultier (*3*)	**caballo**	Pferd
murciélago	Fledermaus	**oveja**	Schaf
armadillo, cusuco	Gürteltier	**cerdo**	Schwein
perro	Hund	**toro**	Stier
conejo	Kaninchen	**zorro hediondo**	Stinktier
gato	Katze	**mapache, mapachín**	Waschbär
coyote	Kojote	**chancho de monte, saino**	Wildschwein
vaca	Kuh	**cabra, chivo**	Ziege

(1) allgemein, (2) Name in Limon, (3) Name in Puntarenas und Guanacaste

Vögel

pájaro	Vogel	**pecho amarillo**	Fliegenfänger
yigüiro	„Nationalvogel“	**gallo, gallina**	Hahn, Huhn
zopilote	Aasgeier	**colibri, gorrión**	Kolibri
guacamaya	Ara	**lora**	großer Papagei
pato	Ente	**perico**	kleine Papageienart
búho	Eule	**pavo, chompipe**	Truthahn

Fische / Reptilien

caimán	Alligator	**cangrejo**	Krebs
pargo	Barsch	**lagarto**	Krokodil
garrobo	Eidechse	**iguana**	Leguan
trucha	Forelle	**tortuga**	Schildkröte
tiburón	Hai	**serpiente**	Schlange

Insekten, Käfer, Würmer

hormiga	Ameise	**abejón, escarabajo**	Käfer
abeja	Biene	**mosquito**	Mücke
mosca	Fliege	**mariposa**	Schmetterling
mula de diablo, mantis religiosa	Gottesanbeterin	**araña**	Spinne
cucaracha	Kakerlake	**avispa**	Wespe

Pflanzen

guaria morada *(weinrote Orchideenart)*	Nationalblume	**amapola, hibiscus**	Hibiskus
árbol	Baum	**orquidea**	Orchidee
helecho	Farn	**loteria**	Philodendron
platanilla, heliconia, ave de paraiso	Helikonia *(sehr verbreitet)*	**rosa**	Rose

guanacaste
Nationalbaum Costa Ricas (Großer, weit ausladender Baum, der ausschließlich in der Region Guanacaste vorkommt.)

coyo
Palmenart Guanacastes, aus dem aufgeschnittenen Baumstamm gewinnt man eine Flüssigkeit, die man ohne weitere Bearbeitung als Alkohol trinken kann.

palmera	Palme	**bosque lluvioso**	Regenwald
palma de coco	Kokospalme	**bosque seco**	Trockenwald
mangle	Mangrove	**bosque nuboso**	Nebelwald
bosque	Wald	**selva**	Urwald

Kaufen & handeln

¡Pase adelante!
gehen(-Sie) vorwärts
Treten Sie näher!

Sólo quiero ver.
nur (ich-)will sehen
Ich möchte mich nur umsehen.

¿Este producto está hecho a mano?
dieser Produkt (er-)ist gemacht zu Hand
Ist dieses Produkt handgemacht?

¿Cuánto vale la hamaca?
wie viel (sie-)gilt die Hängematte
Wie viel kostet die Hängematte?

Es una oferta.
(es-)ist eine Angebot
Das ist ein Angebot.

Me parece muy caro.
mir (es-)scheint sehr teuer
Das erscheint mir sehr teuer.

Es demasiado caro.
(es-)ist zu teuer
Das ist zu teuer.

¿No hay algo más barato?
nicht (es-)hat etwas mehr billig
Gibt es nichts Billigeres?

¿Podemos negociar?
(wir-)können verhandeln
Können wir verhandeln?

Quiero probarme esta camisa, por favor.
(ich-)will probieren-mir diese Hemd, für Gefallen
Ich möchte gerne dieses Hemd anprobieren.

¿Dónde puedo comprar...?
wo (ich-)kann kaufen...
Wo bekomme ich...?

lo típico	typisches Produkt Costa Ricas
artesanía, manoalidades	Kunsthandwerk
negocio	Handel, Geschäft
oferta	Angebot
ganga	Gelegenheitskauf
calidad – cantidad	Qualität – Menge
barato– caro	preiswert – teuer
hecho a mano	handgemacht
abierto – cerrado	geöffnet – geschlossen
ofrecer – negociar	anbieten – verhandeln
comprar – vender	kaufen – verkaufen
cambiar	tauschen, wechseln
necesitar	brauchen
mercado	Markt
supermercado	Supermarkt
tienda	Geschäft, Laden
impuesto	Steuern
Imp. (Impuestos de ventas)	Verkaufssteuer (*ähnlich Mwst.*)

Einkaufsliste

aguja	Nadel	**jabón**	Seife
batería	Batterie	**libro**	Buch
bombilla	Glühbirne	**mapa**	Landkarte
candela	Kerze	**papel higiénico**	Toilettenpapier

caset	Kassette	**pasta dental**	Zahncreme
cepillo dental	Zahnbürste	**peine**	Kamm
cigarillos	Zigaretten	**periódico**	Zeitung
crema, loción	Creme	**preservativo, condón**	Kondom
disco compacto	CD	**rasador**	Rasierer
entrevista	Zeitschrift	**repelente**	Insekten-schutzmittel
fósforos	Streichhölzer	**tampónes**	Tampons
hilo	Garn	**tijera**	Schere
hoja de afeitar	Rasierklinge	**toallas higiénicas**	Damenbinden

Kleidung

blusa	Bluse
brasier	BH
calzoncillos	Männerslip
calzones, tangas	Frauenslip
camisa	Hemd, T-Shirt
chaqueta	Jacke
falda	Rock
hilo dental	„Zahnseide"*
medias	Socken, Strümpfe
pantalón	Hose
pañuelo	Tuch
ropa	Kleidung
ropa interior	Unterwäsche
sandalias	Sandalen
sombrero	Hut
suéter	Pullover
vestido	Kleid
zapatos	Schuhe

**Slip für Frauen, der nur aus einem „Faden" besteht*

Zum Kunsthandwerk ist leider zu bemerken, dass größtenteils aus den Nachbarländern importierte Waren verkauft werden. Typisch für Costa Rica sind die carretas, *kunstvoll bemalte, einachsige Holzwagen, vor die ursprünglich Ochsen gespannt wurden. Ansonsten findet man sehr schön verarbeitete Taschen und Schuhe aus Leder und viele Schmuckstücke aus Edelhölzern.*

Fotografieren

Vorsicht ist geboten in Bezug auf Diebstähle, da gerade in den Touristenorten und im Zentrum San Josés viele Diebe unterwegs sind, die oft mit rüden Methoden arbeiten.

Fotografieren in Costa Rica ist recht problemlos. Es gibt kein Militär, also auch keine derartigen Einrichtungen, und die Bevölkerung ist an Touristen und ihre Kameras gewöhnt und fordert einen sogar oft auf, die Kamera zu zücken. Filme bringt man besser mit, da Filmmaterial in Costa Rica verhältnismäßig teuer ist.

Por favor, ¿me permite tomarle una foto?
für Gefallen mir (er/sie-)erlaubt nehmen-ihm/ihr eine Foto
Darf ich ein Foto von Ihnen machen?

¿Es posible tomar una foto?
(es-)ist möglich nehmen eine Foto
Ist es möglich zu fotografieren?

Por favor, ¿pueden revelarme esta película?
für Gefallen, (sie-)können entwickeln mir diese Film
Können Sie mir bitte diesen Film entwickeln?

¿Cuándo va a estar listo?
wann (er-)geht zu sein fertig
Wann wird er fertig sein?

cámara /	Fotoapparat /
cámara de video	Videokamera
objetivo / flash	Objektiv / Blitz
trípode	Stativ

película (para diapositivas)	(Dia-)Film
película blanca y negra	Schwarzweißfilm
película en color	Farbfilm
foto – diapositivo	Foto – Dia
tomar una foto	fotografieren
filmar	filmen
revelar	entwikeln
negativo – copia	Negativ – Abzug

Bank, Post & Telefon

banco – caja	Bank – Kasse
cheque de viajero	Reisescheck
cambio	Wechselkurs
monedas	Münzen
billetes	Geldscheine
monto – cuenta	Betrag – Konto
transferencia	Überweisung
tarjeta de crédito	Kreditkarte

Quiero cambiar ...
(ich-)will umtauschen
Ich möchte ... umtauschen.

¿Puedo cambiar dinero/cheques de viajero aquí?
(ich-)kann wechseln Geld/Schecks von Reisender hier
Kann ich hier Geld/Reiseschecks wechseln?

Costaricanische Währung (umgangssprachlich)

	Colón	**1 caña**
halber Ziegel	**billete de 50 Colones**	**media teja**
	billete de 100 Colones	**un papel** (*Papier*), **una teja**
halber Roter	**billete de 500 Colones**	**5 tejas / medio rojo**
**wegen der Farbe*	**billete de 1000 Colones**	**un rojo***
***wegen des aufgdruckten Tucans*	**billete de 5000 Colones**	**un tucano****

harina	Knete, Geld
chorizo (*Paprikasalami*)	Bestechungsgeld

Aufgrund des relativ geringen Wertes des Colón, *sind* monedas *(Geldstücke zu* 5, 10 *und* 20 Colones*) kaum im Gebrauch. Man benutzt sie hauptsächlich zum Telefonieren.*

Estoy limpio.
(ich-)bin sauber
Ich bin abgebrannt.

No tengo huevo.
nicht (ich-)habe Ei
Ich habe kein Geld.

Está forrado en plata.
(er-)ist eingewickelt in Silber
Er hat's dicke.

Está nadando en plata.
(er-)ist schwimmend in Silber
Er schwimmt in Geld.

auf dem Postamt

correo	Postamt
carta – sobre	Brief – Briefumschlag
sello	Briefmarke
tarjeta postal	Postkarte
paquete – peso	Paket – Gewicht
correo aéreo – fax	Luftpost – Fax
mandar	schicken

¿Cuánto cuesta enviar esta carta para Alemania?
wie-viel (es-)kostet schicken diese Brief für Deutschland
Wie viel kostet es, diesen Brief nach Deutschland zu schicken?

Post wirft man am besten im Hauptpostamt in San José ein, in das Fach Resto del mundo *(Rest der Welt), denn selbst innerhalb San Josés kann der Postweg eine Woche und länger dauern. Faxe kann man vom* ICE *losschicken. Am Wochenende gibt's Sondertarife.*

Necesito ... sellos para ... Colones.
(ich-)brauche ... Briefmarken für ... Colones
Ich brauche ... Briefmarken zu ... Colones.

telefonieren

teléfono (público)	(öffentliches) Telefon
llamada	Anruf
operadora	Telefonistin
directorio telefónico	Telefonbuch
llamar, hablar por teléfono	anrufen, telefonieren
ocupado	besetzt
equivocado	falsch verbunden
nadie contesta	es hebt niemand ab
marcar – colgar	wählen – aufhängen

¡Permíteme una llamada, por favor!
erlauben(-Sie-)-mir eine Anruf für Gefallen
Darf ich bitte mal telefonieren?

Die öffentlichen Telefone haben meist den Nachteil, dass man mit langen Wartezeiten und schlechten Verbindungen rechnen muss.

Ticos melden sich, mit Ausnahme der Büros, nie mit Namen. Deshalb beginnt man das Gespräch am besten mit der Frage:

¿Con quién hablo?
mit wer (ich-)spreche
Mit wem spreche ich?

¿De parte de quién?
von Seite von wer
Wer spricht da?

Anrufe nach Deutschland mit Telefonkarte oder Collect Call (R-Gespräch) sind von jeder internationalen Telefonzelle möglich.

¿Disculpe, Juan-Carlos se encuentra?
entschuldigung, Juan-Carlos sich (er-)befindet
Entschuldigung, ist Juan-Carlos da?

¿Podría dejarle un mensaje, por favor?
(er/sie-)könnte lassen-ihm ein Nachricht, für Gefallen
Könnten sie ihm wohl etwas ausrichten?

Internet

Trotz Telekommunikationsmonopols ist die Internetverbindung Costa Ricas sehr gut. Im Zentrum San Josés, im Universitätsviertel San Pedro und in allen größeren Touristenzentren gibt es Internet Cafés.

linéa	Leitung
cabina de internet	Internetkabine
correo electrónico *Post elektronisch*	E-Mail
imprimir	ausdrucken
página	Seite
error	Fehler
página web *Seite Web*	Webseite
llamar por internet *anrufen für Internet*	per Internet anrufen

No se puede abrir esta página.
nicht man (er/sie-)kann öffnen diese Seite
Diese Seite lässt sich nicht öffnen.

Quiero enviar/leer e-mails.
(ich-)möchte schicken/lesen e-mails
Ich möchte E-Mails verschicken/abrufen.

Quisiera imprimir este documento.
(ich-)möchte-gern drucken dieses Dokument
Ich möchte dieses Dokument ausdrucken.

Behörden & Ämter

oficina – embajada	Büro – Botschaft
solicitud – firma	Antrag – Unterschrift
documento – pasaport	Dokument – Reisepass
número de pasaporte	Passnummer
nombre – apellido	Vorname – Nachname
fecha/lugar de nacimiento	Geburtsdatum/-ort
nacionalidad	Staatsangehörigkeit
aduana	Zoll(amt)
declaración	Zollerklärung

Tiene que llenar este formulario.
(Sie-)haben dass füllen diese Formular
Sie müssen dieses Formular ausfüllen.

Firme aquí, por favor.
unterschreiben(-Sie) hier, f. G.
Unterschreiben Sie bitte hier.

Polizei

(puesto de) policía	Polizei(wache)
denuncia	Anzeige
delincuencia	Kriminalität
asalto – robo	Überfall – Raub
ladrón	Dieb
dinero – salveque	Geld – Rucksack
seguro	Versicherung
cuchillo – pistola	Messer – Pistole
amenazar / robar	bedrohen – rauben
lastimar, herir	verletzen

Umgangssprachliche Ausdrücke für die Polizei gibt es in Costa Rica kaum, da die Polizei wenig in Erscheinung tritt und auch kaum ernst genommen wird. Man bezeichnet sie als la paca *was unseren „Bullen" entspricht, aber keine direkte Übersetzung hat.*

¡Por favor, ayúdeme!
für Gefallen, helfen(-Sie)-mir
Bitte helfen Sie mir!

Me han robado todo.
mir (sie-)haben geraubt alles
Ich bin total ausgeraubt worden.

He perdido mis documentos, mi dinero, mi equipaje.
(ich-)habe verloren meine Dokumente, mein Geld, mein Gepäck
Ich habe meine Papiere, mein Geld und mein Gepäck verloren.

Por favor, quisiera hacer una denuncia.
für Gefallen, (ich-)wollte machen eine Anzeige
Ich möchte Anzeige erstatten.

Krank sein

Die centros de salud *sind nur für einen ersten Check, bei ernsteren Vorfällen wird man ins Krankenhaus überwiesen.*

médico	Arzt
dentista	Zahnarzt
ginecólogo	Frauenarzt
primeros auxilios	erste Hilfe
tratamiento	Behandlung
ambulancia	Krankenwagen
Cruz Roja	Rotes Kreuz
hospital, clínica	Krankenhaus
enfermera	Krankenschwester
centro de salud	Krankenstation
consulta	Untersuchung
radiografía	Röntgenaufnahme

vacunación	Impfung
inyección – vendaje	Spritze – Verband
farmacia	Apotheke
medicina	Medizin
pastillas – pomada	Tabletten – Salbe

¡Por favor, llame a un médico, rápido!
für Gefallen, rufen(-Sie) zu ein Arzt, schnell
Bitte rufen Sie schnell einen Arzt!

¿Dónde hay una farmacia/una clínica?
wo (es-)hat eine Apotheke/eine Klinik
Wo gibt es eine Apotheke/ein Krankenhaus?

Tuve un accidente.
(ich-)hatte ein Unfall
Ich hatte einen Unfall.

Estoy herido.
(ich-)bin verletzt
Ich bin verletzt.

Me siento muy mal.
mich (ich-)fühle sehr schlecht
Ich fühle mich sehr schlecht.

¿Dónde le duele?
wo Ihnen (es-)schmerzt
Wo haben Sie Schmerzen?

Me duele el/la ...
mir (es-)schmerzt der/die ...
Ich habe ...schmerzen.

Me duele la cabeza.
mir (es-)schmerzt die Kopf
Ich habe Kopfschmerzen.

brazo	Arm	**hueso**	Knochen
ojo	Auge	**cabeza**	Kopf
estómago	Bauch	**hígado**	Leber
pierna	Bein	**labio**	Lippe
apéndice	Blinddarm	**pulmón**	Lunge
sangre	Blut	**boca**	Mund
pecho	Brust	**músculo**	Muskel
intestinos	Darm	**nuca**	Nacken
dedo	Finger	**naríz**	Nase
pie	Fuß	**nervio**	Nerv
oído	Gehör	**riñón**	Niere
cara	Gesicht	**oreja**	Ohr
cuello	Hals	**garganta**	Rachen
mano	Hand	**costilla**	Rippe
piel	Haut	**frente**	Stirn
corazón	Herz	**columna vertebral**	Wirbelsäule
rodilla	Knie	**diente**	Zahn
rótula	Kniescheibe	**lengua**	Zunge

Me mordió una culebra.
mich (sie-)biss eine Schlange
Mich hat eine Schlange gebissen.

Me fracturé el pie.
mir (ich-)brach der Fuß
Ich habe mir den Fuß gebrochen.

Fui picado/picada.
(ich-)war gestochen (m/w)
Ich bin gestochen worden.

Tengo la tensión alta/baja.
(ich-)habe die Druck hoch/niedrig
Ich habe hohen/niedrigen Blutdr.

Estoy embarazada.
(ich-)bin schwanger
Ich bin schwanger.

Tengo una alergía contra ...
(ich-)habe eine Allergie gegen
Ich habe eine ...-Allergie.

¿Ha sido Usted vacunado/vacunada contra el tétano?
(er/sie-)hat gewesen Sie geimpft (m/w) gegen der Tetanus
Sind Sie gegen Wundstarrkrampf geimpft?

Desde hace tres días tengo fiebre/diarrea.
seit (es-)macht drei Tage (ich-)habe Fieber/Durchfall
Seit drei Tagen habe ich Fieber/Durchfall.

asma	Asthma
dolor de ojo	Augenschmerzen
erupción	Ausschlag
dolor de estómago	Bauchschmerzen
inconciente – cólera	bewusstlos – Cholera
diarrea	Durchfall
inflamación	Entzündung
vómitos – resfriado	Erbrechen – Erkältung
frío – fiebre amarilla	Frösteln – Gelbfieber
úlcera – sano	Geschwür – gesund
hepatitis	Hepatitis
tos (con sangre)	Husten (mit Blut)
infección	Infektion
fractura	Knochenbruch
dolor de cabeza	Kopfschmerzen
enfermo	krank
enfermedad	Krankheit
paludismo, malaria	Malaria
dolor de oído	Ohrenschmerzen
hongo	Pilz

dolor (al orinar)	Schmerzen (*beim Wasserlassen*)
catarro	Schnupfen
vértigo, mareo	Schwindelgefühl
vomitar	sich erbrechen
quemadura de sol	Sonnenbrand
tétano	Wundstarrkrampf
tifus – náusea	Typhus – Übelkeit
quemadura	Verbrennung
estreñimiento – herida	Verstopfung – Wunde
lombrices	Wurmkrankheit
dolor de muelas	Zahnschmerzen
diabético	zuckerkrank

Tome Usted diez gotas diárias/tres veces al día.
nehmen(-Sie) zehn Tropfen tägliche/drei Male zum Tag
Nehmen Sie täglich/dreimal täglich zehn Tropfen.

Usted tiene que tomar una pastilla cada cuatro horas.
Sie (er/sie-)hat dass nehmen eine Tablette jede vier Stunden
Sie müssen alle vier Stunden eine Tablette nehmen.

Nececito un recibo con el diagnóstico detallado para mi seguro.
(ich-)brauche ein Quittung mit der Diagnose detailliert für mein Versicherung
Ich brauche eine Quittung mit einer ausführlichen Diagnose für meine Krankenversicherung.

laxante	Abführmittel
antibiótico	Antibiotikum
farmacia – aspirina	Apotheke – Aspirin
tela adhesiva	Heftpflaster
medicina, remedio	Medikament
venda de gasa	Mullbinde
curita – receta	Pflaster – Rezept
pomada – bronceador	Salbe – Sonnencreme
pastilla, tableta, comprimido	Tablette
termómetro	Thermometer
gota	Tropfen
venda – supositorio	Verband – Zäpfchen

Necesito algo contra el dolor de cabeza.
(ich-)brauche etwas gegen der Schmerz von Kopf
Ich brauche etwas gegen Kopfschmerzen.

Toilette

In Costa Rica ist es üblich, das gebrauchte Toilettenpapier in dafür bereitgestellte Eimer zu werfen. Dem sollte man Folge leisten, da die Toiletten sonst leicht verstopfen, was weitaus unangenehmer ist.

servicio	Toilette
papel higiénico	Toilettenpapier
damas	Damen
caballeros	Herren
ocupado	besetzt
libre	frei

¿Usted puede prestarme el servicio, por favor?
Sie (er/sie-)kann leihen-mir der Toilette, für Gefallen
Kann ich Ihre Toilette benutzen?

Falta el papel higiénico.
(es-)fehlt der Papier hygienisch
Das Toilettenpapier fehlt.

¿Tiene Usted jabón y una toalla, por favor?
(er/sie-)hat Sie Seife und eine Handtuch, für Gefallen
Haben Sie bitte Seife und ein Handtuch?

Liebe & Sex

Da die ticos sehr gefühlsbetont sind und gerade die Männer sehr an einer Vertiefung der freundschaftlichen Beziehung interessiert sind, hier einige Beispiele für Liebesgeflüster:

!Mi amor!	Meine Liebe!
¡Mi vida!	Mein Leben!
¡Mi chiquitita!	Meine Kleine!
¡Mi amorcita!	Meine Liebste!
¡Mi cielo!	Mein Himmel!
¡Mi tesoro!	Mein Schatz!
¡Mi terroncito!	Mein Würfelzuckerchen!

Te quiero.
dich (ich-)will
Ich liebe Dich.

Te amaré por siempre.
dich (ich-)lieben-werde für immer
Ich werde dich für immer lieben.

Nunca voy a olvidarte.
niemals (ich-)gehe zu vergessen-dich
Ich werde dich niemals vergessen.

Tu me haces falta.
du mir (du-)machst Fehlen
Du fehlst mir.

Te extraño mucho.
dich (ich-)vermisse viel
Ich vermisse Dich sehr.

¡No me moleste por favor!
nicht mich (er/sie-)belästige für Gefallen
Bitte belästigen Sie mich nicht!

¡Déjame en paz!
lasse(-du)-mich in Frieden
Lass mich in Ruhe!

¡Largo de aquí!
lang von hier
Hau ab!

Quieres estar conmigo esta noche?
(du-)willst sein mit-mir diese Nacht
Möchtest Du die Nacht mit mir verbringen?

¿Quieres hacer el amor?
(du-)willst machen der Liebe
Möchtest Du mit mir schlafen?

¿Tienes preservativos/protección?
(du-)hast Präservative/Schutz?
Hast Du Kondome?

Komplimente

In Costa Rica sind Komplimente piropo(s) sehr verbreitet. Kommentare auf der Straße können wie folgt lauten:

¡Hola, mi amor!
Hallo, meine Geliebte!

Eine Antwort wird auf diese Kommentare nicht erwartet.

¡Mi amorcita no me lleva!
Meine Liebste, lass mich mit Dir gehen!

¡Mami, qué culo más rico tienes!
Mädel, was für einen geilen Hintern Du hast!

!Qué tétas más ricas tienes, chiquita!
Was für geile Titten Du hast, Kleines!

¡Adiós, macha rica!
Hallo, schöne Blonde!

¡Adiós, mami rica!
Hallo, schöne Mutter!

¡Macha!
Blonde!

¡Pssst, pssst!
(*weitverbreitetes Geräusch, um auf sich aufmerksam zu machen*)

Schimpfwörter

Sehr beliebt sind Ausdrücke, die sich auf das „wichtigste Teil" des Mannes – picha – beziehen (unter machistas klare Sache).

cara de picha
Gesicht von Schwanz
Arschgesicht

pichaso
„Schwanzer"
Kräftiger Schlag

ni a pichasos
zum Verrecken nicht

ni picha
nichts

un despiche
fröhlicher Schwätzer

estoy hasta la picha
(ich-)bin bis die Schwanz
Das steht mir bis zum Hals.

volar pichasos
fliegen Schwanzer
sich prügeln

Estoy despichado.
(ich-)bin entschwanzt
Mir geht's total dreckig. (*Unfall/Krankheit*)

Estoy hecho picha.
(ich-)bin gemacht Schwanz
Ich hab' tierische Schmerzen. (*nach der Arbeit*)

hijo de puta	Hurensohn (*meist in Erzählungen eingeflochten, nicht bösartig*)
ni en mi puta vida	im Leben nicht
hijo de perra	Hundesohn
mierda	Scheiße
Me vale mierda.	Das kümmert mich einen Scheiß.
mamón	jemand, der immer denselben Mist wiederkäut
mamando	Mist erzählen

romper el hocico a alguien
zerbrechen der Maul zu jemand
jemandem die Fresse polieren

¡No me jodas (la vida)!
nicht mir zerstöre(-du) die Leben
Lass mich in Ruhe!

¡Vete a la mierda!	**¡Busca quien te lo coja!**
geh-dich zu die Scheiße	*suche(-du) wer dir ihn nimmt*
Fahr zur Hölle!	Fick Dich selbst!

playo, pájaro *(Vogel)*	Schwuler
culiolo *(Ärschchen)*	Schwuler
chivo *(Ziegel)*	Sklave
mal parido *(schlecht geboren)*	Krüppel
desgraciado	unglücklich, armselig
muerto de hambre	tot vor Hunger
¡No me molestes!	Lass' mich in Ruhe!
¡No me chingues!	Nerv' mich nicht!
¡Váyase!, ¡Lárguese!	Verschwinden Sie!

Nichts verstanden? – Weiterlernen!

¿Cómo?	**No entiendo nada.**
wie	*nicht (ich-)verstehe nichts*
Wie bitte?	Ich verstehe nichts.

Sólo hablo un poquito español.
nur (ich-)spreche ein wenigchen Spanisch
Ich spreche nur ein bisschen Spanisch.

¿Puede repetirlo por favor?
(er/sie-)kann wiederholen-es für Gefallen
Können Sie das bitte noch einmal wiederholen?

Quiero aprender español.
(ich-)will lernen Spanisch
Ich möchte gerne Spanisch lernen.

¿Cómo se llama esto en español?
wie sich (es-)ruft das in Spanisch
Wie heißt das auf Spanisch?

¿Cómo se escribe?
wie sich (es-)schreibt
Wie schreibt sich das?

¿Qué significa ...?
was (er-/sie-/es-)bedeutet
Was bedeutet ...?

¿Cómo se pronuncia esta palabra?
wie sich (sie-)ausspricht diese Wort
Wie spricht man das aus?

Por favor, ¿podría hablar más despacio?
für Gefallen, (er/sie-)könnte sprechen mehr langsam
Können Sie bitte etwas langsamer sprechen?

¿Puede apuntármelo, por favor?
(er/sie-)kann aufschreiben-mir-es, für Gefallen
Können Sie mir das bitte aufschreiben?

¿Hay alguien aquí que hable inglés/ alemán/ francés?
(es-)hat jemand hier dass (er/sie-)spricht Englisch/ Deutsch/Französisch
Spricht hier jemand Englisch/ Deutsch/ Französisch?

Zu guter Letzt

Ein paar dichos (Sprichwörter), die man so oder in ähnlicher Form auch bei uns kennt und die immer einen kleinen Einblick in die Wertvorstellungen und Ansichten eines Volkes geben.

El que madruga, díos le ayuda.
der dass (er-)früh-aufsteht, Gott ihm (er-)hilft
Morgenstund' hat Gold im Mund.

El que se va para la Villa, pierde su silla.
der dass sich (er-)geht für die Villa, (er-)verliert seine Stuhl
Weggegangen, Platz vergangen.

Panza llena, corazón contento.
Bauch voll, Herz zufrieden
Voller Bauch erfreut das Herz.

Dime con quién andas y te diré quien eres.
sage(-du)-mir mit wer (du-)gehst und dir (ich-)sagen(-werde) wer (du-)bist
Sag' mir, wer Deine Freunde sind, und ich sag' Dir, wer Du bist.

Ojo por ojo, diente por diente
Auge für Auge, Zahn für Zahn
Auge um Auge, Zahn um Zahn.

Wörterliste Deutsch – Spanisch

D*ie folgende Wörterliste besteht aus ca. 1000 Einträgen. Eigenschaftswörter werden nur in der Grundform aufgeführt. Es werden folgende Abkürzungen verwendet:*

*	*unregelmäßiges Verb*
m	*männlich*
w	*weiblich*
Ez	*Einzahl*
Mz	*Mehrzahl*

A

Abend tarde (w)
Abendessen cena
aber pero
abfahren salir*, irse* (de)
abfliegen (von) salir* en avión (de)
abreisen partir, salir
abschleppen remolcar
Adresse dirección (w)
Alkohol alcohol (m)
allein solo
alles todo, por completo
als (zeitl.) cuando; **(Vergleich)** que
alt viejo
Alte(r) viejita, viejito
Alter (Lebensalter) edad
Andenken recuerdo
Andenken comemoración (w)
anfangen comenzar, principiar, iniciar
Angestellte(r) empleada, empleado
Angst miedo, temor, pavor
anhalten parar
ankommen llegar (en), arrivar
Ankunft llegada
Antwort respuesta contestación (w)
antworten contestar
Apotheke farmacia
arbeiten trabajar
Arbeiter(in) trabajador, trabajadora
arm pobre
Arzt médico
auch también
auf sobre **(örtlich)**
Aufenthalt demora, estancia
aufhören terminar, finalizar
aufstehen levantarse
aufwachen despertarse
aus de
Ausfuhr exportación (w)
Ausgang salida
ausgezeichnet excelente
Auskunft información (w), aviso
Ausland exterior (m)
Ausländer extranjero
ausländisch extranjero
Ausreise salida
Aussprache pronunciación (w)
aussteigen bajar
Ausstellung exposición (w)
Ausweis pasaporte (m)
ausziehen (etwas) quitarse
Auto carro
Autowerkstatt taller (m)

B

Badeanzug traje de baño (m)
Badehose traje de baño (m)
baden bañarse
Badezimmer baño
Bahnhof estación del ferrocarîl (w)
Bahnsteig pasillo
bald pronto
Bank (Geld) banco
Bargeld efectivo
Batterie batería
bauen construir
Bauer agricultor (m), campesino
Baum arbol (m)
beeilen (sich) apurarse
beenden terminar, cortar
begleiten encaminar
begrüßen saludar
behandeln atender, curar
Behörde administración (w)
bei con
Beispiel ejemplo
bekanntmachen, s. conocerse*
beleidigen ofender
benachrichtigen informar, avisar
Benzin gasolina
Berg montaña, cima

Beruf profesión (w)
berühmt conocido
beschweren (sich) quejarse
besichtigen viisitar
Besitzer dueño
besser mejor
bestellen ordenar, mandar a traer
Bestellung una orden
bestrafen castigar
Besuch visita
besuchen visitar
betrügen engañar
betrunken borracho
Bett cama
Bettzeug cubrecama
bevor antes
Beweis prueba
bezahlen pagar, cancelar
Bier cerveza
Bild cuadro
billig barato
Binde venda
bis hasta
bisschen un poquito
Bitte súplica
Blatt hoja
bleiben quedarse
Bleistift lápiz (m)
Blume flor (m)
Boot lancha, bote (m)
Botschaft (dipl.) embajada
Brand incendio
Brauch costumbre
brauchen necesitar
breit ancho
brennen quemar
Brief carta
Briefmarke sello, timbre
Briefumschlag sobre (m)
Brille anteojos (m, Mz), lentes (m, Mz)
bringen traer*
Brot pan (m)
Brücke puente (m)
Bruder hermano
Brust (weibl.) teta
Brust(korb) pecho
Buch libro
buchen reservar
Buchstabe letra
bunt de colores
Burg castillo
Bürger (Staats-) ciudadano
Büro oficina
Bus bus, autobús

C & D

Chauffeur conductor (m), chofer (m)
Chef jefe (m)
da allá
Dach techo
damit por
danach después
danke gracias
danken agradecer*
dann entonces
darum por eso
dass que
Datum fecha
dauern durar
Decke (Bett) manta, cubrecama
dein(e) tu, tus
denken pensar*
Denkmal monumento
deshalb por eso, por lo tanto
deutsch alemán
Deutsche(r) alemana, alemán
Deutschland Alemania
Dialekt dialecto
Dialekt lenguaje
dick gordo
Diebstahl robo
dies esto
diese(r, s) aquel (m)/ aquella (w)
Ding cosa
Diskothek discoteca
Dokument documento
Dolmetscher traductor (m)
Dorf aldea, pueblo
dort allá
dorthin por allá
dringend urgente
du tú
dumm tonto, oscuro
dunkel opaco
dünn delgado, flaco
durch (hindurch) en medio de
Durchfall diarrea
dürfen poder*
Durst (haben) tener* sed

E

echt verdadero
Ehefrau esposa
Ehemann esposo,marido
Ehepaar pareja
Ei huevo
Eigentum propiedad (w)
einander uno al otro
Einbruch robo
einfach simple
Einfuhr importación (w)
Eingang entrada
einige algunos (m, Mz), algunas (w, Mz)
einladen invitar

Einladung invitación (w)
einmal una vez
einsteigen, eintreten entrar
einverstanden de acuerdo
Einwohner habitante
Eis (Speise-~) helado
Eiter pus (m)
Eltern padres (m, Mz)
empfangen recibir
empfehlen recomendar*
Ende fin (m)
eng angosto
englisch inglés
Enkel(in) nieto, nieta
entscheiden decidir
entschuldigen, sich excusarse
er él
Erde tierra
Ereignis evento
Erfolg éxito
erhalten recibir
erholen, sich descansar
erinnern, sich recordarse
erkältet sein tener* la gripe
erklären explicar
erlauben permitir
Erlaubnis permiso
Ermäßigung rebajo
Ersatzteil repuesto
erzählen contar*
essen comer, almorzar, cenar
Etage piso,nivel (m)
etwa (ungefähr) más o menos
etwas algo
euer(e) vuestro, vuestra

F

Fabrik fábrica
Faden hilo
Fähre ferry (m), transbordador (m)
fahren manejar, conducir
Fahrkarte boleto
Fahrplan horario
Fahrpreis pasaje (m)
Fahrrad bicicleta
Fahrzeug vehículo
falsch falso
Familie familia
Familienname apellido
Farbe color (m)
Farbfilm rollo a colores (m)
faul, träge perezoso, **(Obst)** descompuesto
fehlen faltar
Fehler error (m), falla
Feier fiesta
feiern tener* la fiesta
feilschen negociar
Feld terreno
Fenster ventana
Ferien vacaciones (w, Mz)
fern lejos
Fernsehgerät televisor (m)
fertig acabado, listo
fest firme
Fest fiesta
feucht mojado
Feuer incendio, fuego
Fieber fiebre (w)
Film película
finden encontrar*
Finger dedo
Fisch pescado, pez (m)
Flasche botella
Fleisch carne (w)
fleißig muy trabajador
fliegen volar, ir en avión
flirten coquetear
Flughafen aeropuerto
Flugticket boleto
Flugzeug avión (m)
Fluss río
Folklore folklore (m)
Formular formulario
Fotoapparat cámara
Fotografie foto
fotografieren tomar una foto
Frage pregunta
fragen preguntar
Fräulein señorita
frei libre
fremd extranjero
freuen, sich alegrarse encantarse
Freund(in) amigo, amiga
freundlich amable
Freundschaft amistad (w)
Frieden paz (w)
frieren tener frio
frisch (Obst) tierno
fröhlich alegre
Frucht fruta
früh temprano
Frühling primavera
Frühstück desayuno
frühstücken desayunar
fühlen, sich sentirse*
Führung guiada
für para
fürchten, sich (vor) temer
Fuß pie (m)

G

Gabel tenedor (m)
ganz todo
Garten jardín (m)
Gas gas (m)
Gasse callejón (m)
Gast huésped (m)
Gastfreundschaft hospitalidad
Gastgeber(in) anfitrión, anfitriona
Gaststätte restaurante
Gebäck pasteles (m, Mz)
Gebäude edificio
geben entregar, dar*
Gebirge montaña
Gebühr contribución (w)
Geburtstag cumpleaños (m)
gefährlich peligroso
gefallen gustar, parecer
Gefängnis cárcel (w)
Gefäß vasija
Gefühl sentimiento
gegen contra
Gegend alrededores (m, Mz)
gegenüber enfrente
gehen ir*, andar, caminar
Geld dinero
Geld pisto
Gemüse verdura
gemütlich cómodo
genau exacto
genug bastante, suficiente
Gepäck equipaje (m)
geradeaus recto
gern con mucho gusto
Geschäft (Tätigkeit) trabajo labor (w)
Geschäft (Laden) negocio
Geschenk regalo
Geschichte historia
Geschwister hermanos
Gesellschaft sociedad (w)
Gesetz ley (w)
Gespräch plática, conversación (w)
gestern ayer
gesund sano, de buena salud
Gesundheit salud (w)
Getränk bebida
Gewicht peso
Gewitter tormenta
gewöhnen, sich (an) acostumbrarse
Gewürz condimento
Gift veneno
Giftschlange culebra venenosa
Glas vaso
Glas (Material) vidrio
glauben creer*
Glück suerte (w)
glücklich feliz
Gold oro
Gott Dios (m)
Gramm gramo
Grammatik gramática
gratulieren felicitar
Grenze frontera
Grippe gripe (w)
groß grande
Größe (Kleidung) tamaño
Großmutter abuela
Großvater abuelo
Gruppe grupo
grüßen (sich) saludar(se)
gültig válido
gut bueno

H

haben tener*, haber*
Hafen puerto
Hälfte mitad (w)
halten sostener*
Haltestelle parada
Handel comercio
hart duro
Haus casa
Hausfrau ama de casa
heben levantar
Heftpflaster cinta adhesiva
heiß caliente
helfen ayudar
hell claro
Herbst otoño
Herr señor
herzlich cariñoso
heute hoy
hier aquí
Hilfe ayuda
hinten detrás
hoch alto
Hochzeit boda
hoffen esperar
höflich cortés
Holz madera
hören oir*, escuchar
Hotel hotel (m), hospedaje (m)
hungrig hambriento
Hygiene higiene (w)

I, J

ich yo
Idee idea
ihr(e) su, sus
Illustrierte revista
immer siempre

impfen inyectar, vacunar
in en
Industrie industria
Information información (w)
informieren, sich informarse
Insekt insecto
Insel isla
interessant interesante
interessieren, sich (für) interesarse por
international internacional
ja sí, de acuerdo
Jahr año
Jahreszeit estación (w)
jährlich anual
jeder cada uno
jedesmal cada vez
jemand alguno (m), alguna (w)
jener aquel (m), aquella (w)
jetzt ahora
Journalist periodista (m+w)
jung joven
Junge joven (m)

K

kalt helado, frio
kaputt roto
Karte mapa (m)
Kasse caja
kaufen comprar
kennen conocer*
Kind niño
Kino cine (m)
Kirche iglesia
Kleidung vestimenta
Kleid vestido
klein chiquito, pequeño, corto
klug inteligente, sabio
Kneipe cantina
kochen cocinar
Koffer cofre (m), maleta
kommen llegar, venir*
kompliziert complicado
Kondom condón (m)
können poder
Konsulat consulado
kontrollieren controlar
Konzert concierto
kosten (probieren) probar,
kosten (Preis) costar*, valer*
kostenlos gratuito
krank enfermo
Krankenhaus hospital (m), clínica
Krankheit enfermedad (w)
kühl fresco
Kühlschrank refrigerador (m)
Kunst arte (m)
kunstgewerbliche Waren cosas típicas (w, Mz), artesanías (w, Mz)
küssen besar

L

lächeln sonreir
lachen (über etwas) burlarse, reirse de
Lage (geogr.) posición (w)
Laken sábana
Lampe lámpara
Land país (m)
Landkarte mapa (m)
Landschaft paisaje (m)
Landwirtschaft agricultura
lang largo
langsam despacio, lento
langweilig aburrido
laufen correr
laut con voz alta
leben vivir
Leben vida
Lebensmittel alimentos (m, Mz)
ledig soltero
leer vacío
legen poner*
Lehrer(in) maestro, maestra
leicht (nicht schwer) liviano
leihen, sich (von) prestar de
lernen aprender
lesen leer
Leute gente (w)
Licht luz (w)
lieben amar, querer
Lied canción (w)
liegen estar* acostado/-a
links izquierda
Loch hueco
Löffel cuchara
Lohn salario, sueldo
Luft aire (m)
lügen mentir
lustig alegre

M

machen hacer*
Mädchen jovencita
Mädchen chica
malen pintar
man se
manchmal a veces, de vez en cuando
Mann hombre (m)
Markt mercado
Medikament remedio, medicina
Meer mar (m)

mehr más
mein/e mi, mis
Menge cantidad (w)
Mensch hombre (m)
merken, sich conmemorar
Messer cuchillo
mieten alquilar
Minute minuto
mit con
Mittagessen almuerzo
Mittag mediodia
Mode moda
möglich posible
Monat mes (m)
morgen/Morgen mañana
Motor motor (m)
Motorboot lancha, yate (m)
Motorrad moto (w)
müde cansado
Müll basura
Museum museo
Musik música
müssen deber, tener* que
Mutter madre, mamá

N

nach (örtl.) a;
(zeitl.) después
Nachmittag tarde (w)
Nachricht noticia
nächstes Mal la otra vez
Nacht noche (m)
nackt desnudo
Nadel aguja
nah cerca
Name nombre (m)
nass mojado
Nationalität nacionalidad (w)
Natur naturaleza
natürlich natural
neben al lado de
nehmen coger, tomar
nein no
neu nuevo
neugierig curioso
nicht no
nichts nada
niedrig bajo
niemals nunca, jamás
niemand nadie
nirgendwo en ninguna parte
noch todavía, aun
noch einmal otra vez
Norden norte (m)
normal normal
notwendig necesario
Nummer número
nur solo

O

ob si
oben arriba
Obst fruta
oder o
öffnen abrir
oft muchas veces
ohne sin
Öl aceite (m)
Onkel tío
Organ órgano
organisieren organizar
Ort lugar (m)
Osten oriente (m)
Österreich Austria
Österreicher(in) austriaco, austriaca

P

paar algunos, algunas
Paar par (m)
Päckchen paquetito (m)
packen (Koffer) hacer la maleta
Paket paquete (m)
Palast palacio
Panne desperfecto
Papier papel (m)
Park parque (m)
parken parquear
Pass pasaporte (m)
Patient paciente (m+w)
Pause descanso, pausa
Person persona
Pflanze planta
Plan plan (m)
Platz campo
Platzkarte reservación (w)
plötzlich en seguida, de repente
Politik política
Polizei policía
Post(amt) oficina de correos
Postkarte tarjeta postal (m)
Preis precio
privat privado
Problem problema (m)
Programm programa (m)
Prospekt tarjeta
Prospekt hoja de información (w)
pünktlich puntual

Q & R

Qualität calidad (w)
Radiogerät radio (w)
Rat(schlag) consejo
rauchen fumar
Raum cuarto
rechnen calcular
Rechnung factura, cuenta
Recht derecho
rechts derecha
reden hablar
Regen lluvia
Regenschirm sombrilla, paraguas (m)
registrieren registrar
reich rico
Reifen llanta
Reise viaje (m)
Reisebüro agencia de viajes
reisen viajar
reparieren reparar
reservieren reservar
Restaurant restaurante (m)
Rettungswagen emergencia
richtig correcto
Richtung dirección (w)
roh crudo
Rückfahrt regreso
Rucksack salveque
rückständig atrasado
rufen (schreien) gritar
Ruhe silencio

S

Sache cosa
sagen decir*
Salbe crema medicinal
Salz sal (w)
sammeln recoger
Sand arena
satt lleno
Satz (Grammatik) frase (w) oración (w)
sauber limpio
sauber machen limpiar
sauer ácido
Schallplatte disco
scharf picante
Scheck cheque (m)
Schere tijera
schicken enviar, mandar
schießen disparar
Schiff barco
schlafen dormir*
Schlafsack bolsa de dormir
Schlafzimmer dormitorio
schlagen golpear, pegar
schlecht mal
Schloss (Gebäude) castillo
Schlüssel llave (w)
schmackhaft sabroso
Schmerz dolor (m)
schmerzen doler*
Schmuck alajas (m)
schmutzig sucio
Schnaps trago
schnell rápido
schon ya
schön bonito, bello
schreiben escribir
Schuh zapato
schuldig culpable
Schule escuela, colegio
Schüler(in) alumno, alumna
schwanger embarazada
Schweiz Suiza
Schweizer(in) suizo, suiza
schwer (nicht leicht) pesado
Schwester hermana
schwierig difícil
schwimmen nadar
schwitzen sudar
See lago
Segelboot lancha de vela
sehen mirar, ver*
Sehenswürdigkeiten lugares de interés (m, Mz)
Seide seda
Seife jabón (m)
Seil mecate, cuerda
sein ser*, estar*
seit desde
Seite (örtl.) lado, **(Buch)** página
Sekunde segundo
selbst mismo
selten raro
setzen, sich sentarse
sicher seguro
sie ella (Ez), ellos, ellas (Mz)
Sie Usted (Ez), Ustedes (Mz)
Silber plata
singen cantar
sitzen (Kleidung) estar* a la medida
sitzen sentarse
so así
sofort inmediato, ahorita
Sohn hijo
solche(r, s) tal
sollen deber
Sommer verano
Sonne sol (m)
sparen economizar, salvar
spät tarde
spazierengehen pasear
Speise alimento, comida
spielen jugar
Spielzeug juguete (m)
Sport deporte (m)
Sprache lengua, idioma (m)
sprechen hablar

Spritze jeringa
Staatsangehörigkeit nacionalidad (w)
Stadt ciudad (w)
stark fuerte
stehen pararse
Stein piedra
Stelle (Ort) lugar (m)
stellen poner*
sterben morir*
Stil estilo
Stimme voz (w)
Stoff tela
stören molestar
Strafe castigo, pena
Strand playa
Straße calle (w)
Streichhölzer fósforos (m, Mz)
streiten pelear
Stück pieza
Student estudiante (m+w)
Stunde hora
suchen buscar
Süden sur (m)
Summe suma
Suppe sopa
süß dulce

T

Tabak tabaco
Tablette pastilla
Tag día (m)
täglich diario
Tal valle (m)
Tankstelle gasolinera
Tante tía
tanzen bailar
Tasche bolsa
Taxi taxi (m)
Telefon teléfono
telefonieren hablar/llamar por teléfono
Telegramm telegrama (m)
teuer caro
Theater teatro
tief hondo, profundo
Tier animal (m)
Tochter hija
Tod muerte (w)
Toilette sanitario
Toilettenpapier papel higiénico (m)
tot muerto
töten matar
Tradition tradición (w)
tragen cargar
traurig triste
treffen (begegnen) encontrar*
Treppe escalera
trinken tomar
Trinkgeld reconocimiento, propina
trocken seco
Tschüss! ¡adiós!
tun hacer
Tür puerta
Turm torre (w)

U

üben ejercer
über (örtl.) sobre, **(Menge)** más de
überall por todos lados
übermorgen pasado mañana
übersetzen traducir*
Übersetzer traductor
Überweisung transferencia
übrig sobrante
Uhr reloj (m)
um zu ... para
Umgebung alrededor (m)
Umleitung desvío
umtauschen convertir, cambiar
Umweg desvío
Umwelt medio ambiente
unbekannt desconocido
und y
Unfall accidente (m)
Universität universidad (w)
unordentlich desordenado
unschuldig inocente
unser(e) nuestro, nuestra
unten abajo
unter debajo (de)
Unterhaltung conversación (w)
Unterkunft alojamiento
unterrichten (lehren) enseñar
unterschreiben firmar
Urlaub vacaciones (w, Mz)

V

Valuta divisas (w, Mz)
Vater padre (m), papá (m)
verabreden (sich) hacer una cita, verse*
Verabredung cita
verabschieden, sich despedirse*
verboten prohibido
Verbrechen crimen (m)
verdienen ganar
vergessen olvidar
vergnügen, sich divertirse, entretenerse*
verirren, sich perderse

verkaufen vender
verleihen (an) prestar a
verletzt lastimado
Verletzung herido
verlieben, sich enamorarse
verlieren (Dinge) perder*
vermieten alquiler
Vermittlung operador (m)
Versicherung seguro
verspäten, sich tardarse
versprechen, sich equivocarse
verstehen entender*, comprender
versuchen tratar
viel mucho
vielleicht tal vez, quizás
Vogel pájaro
Volk pueblo
voll lleno
von de
vor (örtl.) delante de, **(zeitl.)** hace
vorbereiten preparar
vorgestern anteayer
vorher antes
Vormittag mañana
vorne delante
Vorname nombre (m)
vorschlagen proponer*
vorstellen, sich etwas imaginarse
vorstellen, sich presentarse (a)
Vorwahlnummer código

W

Wagen carro
wahr cierto
während durante, mientras
Wald bosque (m)
Wand pared (w)
wandern marchar
wann ¿cuándo?
Ware mercadía
warm caliente
warten esperar
warum ¿por qué?
was ¿qué?
waschen (sich) lavar(se)
Wasser agua
Watte algodón
wechseln cambiar
wecken despertar
Weg camino
wegen por
weiblich feminino
weil porque
weinen llorar
weit lejos, largo
welcher cuál?, ¿qué?
wenig poco
wenn (als) cuando, **(falls)** si
wer quién?
werden legar a ser
wessen de quién?
Westen este (m), occidente (m)
Wetter iempo
wichtig importante
wie como, ¿cómo?
wieder de nuevo, otra vez
wiederholen repetir
wie viel ¿cuánto?
Wind aire (m), viento
Winter invierno
wissen saber*
wo ¿dónde?
Woche semana
woher ¿de dónde?
wohin ¿a dónde?
wohnen vivir
Wohnung habitación (w)
wollen querer*
Wort palabra
Wörterbuch diccionario
Wunde herida
wünschen desear

Z

zahlen pagar
Zahnarzt dentista (m)
Zahnpasta pasta dental
zeigen mostrar
Zeit tiempo
Zeitung periódico
Zelt tienda de campaña
Zentrum centro
Zigarette cigarillo
Zimmer cuarto
Zoll aduana
zu (+ Adjektiv) demasiado
zu Fuß a pie
zufrieden contento
Zug tren (m)
zurück por atrás
zusammen junto
zu viel demasiado
zwischen entre

Wörterliste Spanisch – Deutsch

A

a nach(örtl.)
¿a dónde? wohin
a pie zu Fuß
a veces manchmal
abajo unten
abierto öffnen
abuela Großmutter
abuelo Großvater
aburrido langweilig
acabado fertig
accidente (m) Unfall
aceite (m) Öl
ácido sauer
acostumbrarse gewöhnen, sich (an)
¡adiós! tschüß
administración (w) Behörde
aduana Zoll
aeropuerto Flughafen
agencia de viajes Reisebüro
agradecer* danken
agricultor (m) Bauer
agricultura Landwirtschaft
aguja Nadel
ahora jetzt
ahorita sofort
aire (m Wind, Luft
al lado de neben
alajas (m) Schmuck
alcohol (m) Alkohol
aldea Dorf
alegrarse freuen, sich
alegre fröhlich, lustig
alemán deutsch
alemana, alemán Deutsche(r)
Alemania Deutschland
algo etwas
alguno (m), alguna (w) jemand
algunos (m, Mz), algunas (w, Mz) einige
algunos, algunas paar
alimentos (m, Mz) Lebensmittel
allá da, dort
almuerzo Mittagessen
alojamiento Unterkunft
alquilar mieten; vermieten
alrededor (m) Umgebung
alrededores (m, Mz) Gegend
alto hoch
alumno, alumna Schüler(in)
ama de casa Hausfrau
amable freundlich
amar, querer lieben
ambiar wechseln
amigo, amiga Freund(in)
amino Weg
amistad (w) Freundschaft
ancho breit
andar gehen
anfitrión, anfitriona Gastgeber(in)
angosto eng
animal (m) Tier
año Jahr
anteayer vorgestern
anteojos (m, Mz) Brille
antes bevor; vorher
anual jährlich
apellido Familienname
aprender lernen
apurarse beeilen (sich)
aquel (m), aquella (w) jener, diese(r, s)
aquí hier
arbol (m) Baum
arena Sand
arriba oben
arrivar ankommen
arte (m) Kunst
artesanías (w, Mz) kunstgewerbliche Waren
así so
asolina Benzin
atender behandeln
atrasado rückständig
aun noch
Austria Österreich
austriaco, austriaca Österreicher(in)
autobús Bus
avar(se) waschen (sich)
avión (m) Flugzeug
avisar benachrichtigen
aviso Auskunft
ayer gestern
ayuda Hilfe
ayudar helfen

B

bailar tanzen
bajar aussteigen
bajo niedrig
bañarse baden
banco Bank (Geld)
baño Badezimmer
barato billig
barco Schiff

bastante genug
basura Müll
batería Batterie
bebida Getränk
bello schön
besar küssen
bicicleta Fahrrad
boda Hochzeit
boleto Fahrkarte
boleto Flugticket
bolsa de dormir Schlafsack
bolsa Tasche
bonito schön
borracho betrunken
bosque (m) Wald
bote (m) Boot
botella Flasche
Brust(korb)
burlarse lachen (über etwas)
bus Bus
buscar suchen

C & D

cada uno jeder
cada vez jedesmal
caja Kasse
calcular rechnen
calidad (w) Qualität
caliente heiß, warm
calle (w) Straße
callejón (m) Gasse
cama Bett
cámara Fotoapparat
cambiar umtauschen
caminar gehen
campesino Bauer
campo Platz
cancelar bezahlen
canción (w) Lied
cansado müde
cantar singen
cantidad (w) Menge
cantina Kneipe
cárcel (w) Gefängnis
cargar tragen
cariñoso herzlich
carne (w) Fleisch
caro teuer
carro Auto, Wagen
carta Brief
casa Haus
castigar bestrafen
castigo Strafe
castillo Burg, Schloss
cena Abendessen
centro Zentrum
cerca nah
cerveza Bier
cheque (m) Scheck
chica Mädchen
chiquito klein
chofer (m) Chauffeur
cierto wahr
cigarillo Zigarette
cima Berg
cine (m) Kino
cinta adhesiva Heftpflaster
cita Verabredung
ciudad (w) Stadt
ciudadano Bürger (Staats-)
claro hell
clínica Krankenhaus
cocinar kochen
código Vorwahlnummer
cofre (m Koffer
coger nehmen
colegio Schule
color (m) Farbe
comemoración (w) Andenken
comenzar anfangen
comer, almorzar, cenar essen
comercio Handel
comida Speise
como, ¿cómo? wie
cómodo gemütlich
complicado kompliziert
comprar kaufen
comprender verstehen
con mucho gusto gern
con voz alta laut
con bei; mit
concierto Konzert
condimento Gewürz
condón (m) Kondom
conducir fahren
conductor (m) Chauffeur
conmemorar merken, sich
conocer* kennen
conocerse* bekanntmachen, s.
conocido berühmt
consejo Rat(schlag)
construir bauen
consulado Konsulat
contar* erzählen
contento zufrieden
contestación (w) Antwort
contestar antworten
contra gegen
contribución (w) Gebühr
controlar kontrollieren
conversación (w) Gespräch, Unterhaltung
convertir umtauschen
coquetear flirten
correcto richtig
correr laufen
cortar beenden
cortés höflich
corto klein, kurz
cosa Ding, Sache
cosas típicas (w, Mz) kunstgewerbliche Waren

costar* kosten (Preis)
costumbre Brauch
creer* glauben
crema medicinal Salbe
crimen (m) Verbrechen
crudo roh
cuadro Bild
¿cuál?, ¿qué? welcher
cuando als (zeitl.), wann
¿cuánto? wie viel
cuarto Raum, Zimmer
cubrecama Bettzeug, Decke (Bett)
cuchara Löffel
cuchillo Messer
cuenta Rechnung
cuerda Seil
culebra venenosa Giftschlange
culpable schuldig
cumpleaños (m) Geburtstag
curar behandeln
curioso neugierig
dar* geben
de acuerdo einverstanden
de buena salud gesund
de colores bunt
¿de dónde? woher
de nuevo, otra vez wieder
de quién? wessen
de repente plötzlich
de vez en cuando manchmal
de aus; von
debajo (de) unter
deber müssen, sollen
decidir entscheiden
decir* sagen
dedo Finger
delante de, vor (örtl.)
delante vorne
delgado dünn
demasiado zu (+ Adjektiv), zu viel
demora Aufenthalt
dentista (m) Zahnarzt
deporte (m) Sport
derecha rechts
derecho Recht
desayunar frühstücken
desayuno Frühstück
descansar erholen, sich
descanso Pause
descompuesto (Obst)
desconocido unbekannt
desde seit
desear wünschen
desnudo nackt
desordenado unordentlich
despacio langsam
despedirse* verabschieden, sich
desperfecto Panne
despertarse aufwachen
después danach; nach(zeitl.)
desvío Umleitung, Umweg
detrás hinten
día (m) Tag
dialecto Dialekt
diario täglich
diarrea Durchfall
diccionario Wörterbuch
difícil schwierig
dinero Geld
Dios (m) Gott
dirección (w) Adresse; Richtung
disco Schallplatte
discoteca Diskothek
disparar schießen
divertirse vergnügen, sich
divisas (w, Mz) Valuta
documento Dokument
doler* schmerzen
dolor (m) Schmerz
¿dónde? wo
dormir* schlafen
dormitorio Schlafzimmer
dueño Besitzer
dulce süß
durante während
durar dauern
duro hart

E

economizar sparen
edad Alter (Lebensalter)
edificio Gebäude
efectivo Bargeld
ejemplo Beispiel
ejercer üben
ejos, largo weit
él er
ella (Ez), ellos, ellas (Mz) sie
embajada Botschaft (dipl.)
embarazada schwanger
emergencia Rettungswagen
eminino weiblich
empleada, empleado Angestellte(r)
en medio de durch (hindurch)
en ninguna parte nirgendwo
en seguida plötzlich
en in
enamorarse verlieben, sich
encaminar begleiten
encantarse freuen, sich
encontrar* finden, treffen (begegnen)
enfermedad (w) Krankheit
enfermo krank
enfrente gegenüber

engañar betrügen
enseñar unterrichten (lehren)
entender* verstehen
entonces dann
entrada Eingang
entrar einsteigen, eintreten
entre zwischen
entregar geben
entretenerse* vergnügen, sich
enviar schicken
equipaje (m) Gepäck
equivocarse versprechen, sich
error (m) Fehler
escalera Treppe
escribir schreiben
escuchar hören
escuela Schule
esperar hoffen; warten
espertar wecken
esposa Ehefrau
esposo Ehemann
estación (w) Jahreszeit
estación del ferrocaríl (w) Bahnhof
estancia Aufenthalt
estar* a la medida sitzen (Kleidung)
estar* acostado/-a liegen
estar* sein
este (m), occidente (m) Westen
estilo Stil
esto dies
estudiante (m+w) Student
evento Ereignis
exacto genau
excelente ausgezeichnet
excusarse entschuldigen, sich
éxito Erfolg
explicar erklären
exportación (w) Ausfuhr
exposición (w) Ausstellung
exterior (m) Ausland
extranjero Ausländer; ausländisch, fremd

F

fábrica Fabrik
factura Rechnung
falla Fehler
falso falsch
faltar fehlen
familia Familie
farmacia Apotheke
fecha Datum
felicitar gratulieren
feliz glücklich
ferry (m) Fähre
fiebre (w) Fieber
fiesta Feier, Fest
fin (m) Ende
finalizar aufhören
firmar unterschreiben
firme fest
flaco dünn
flor (m) Blume
folklore (m) Folklore
formulario Formular
fósforos (m, Mz) Streichhölzer
foto Fotografie
frase (w) Satz (Grammatik)
fresco kühl
frio kalt
frontera Grenze
fruta Frucht, Obst
fuego Feuer
fuerte stark
fumar rauchen

G

ganar verdienen
gas (m) Gas
gasolinera Tankstelle
gente (w) Leute
golpear schlagen
gordo dick
gracias danke
gramática Grammatik
gramo Gramm
grande groß
gratuito kostenlos
gripe (w) Grippe
gritar rufen (schreien)
grupo Gruppe
guiada Führung
gustar gefallen

H

haber* haben
habitación (w) Wohnung
habitante Einwohner
hablar reden, sprechen
hablar/llamar por teléfono telefonieren
hace vor (zeitl.)
hacer la maleta packen (Koffer)
hacer una cita verabreden (sich)
hacer tun, machen
hambriento hungrig
hasta bis
helado Eis (Speise-); kalt
herida Wunde
herido Verletzung
hermana Schwester
hermano Bruder

hermanos Geschwister
higiene (w) Hygiene
hija Tochter
hijo Sohn
hilo Faden
historia Geschichte
hoja de información (w) Prospekt
hoja Blatt
hombre (m) Mann, Mensch
hondo tief
hora Stunde
horario Fahrplan
hospedaje (m) Hotel
hospital (m) Krankenhaus
hospitalidad Gastfreundschaft
hotel (m) Hotel
hoy heute
hueco Loch
huésped (m) Gast
huevo Ei

I

idea Idee
idioma (m) Sprache
iempo Wetter
iglesia Kirche
imaginarse vorstellen, sich etwas
importación (w) Einfuhr
mportante wichtig
incendio Brand, Feuer
industria Industrie
información (w) Auskunft, Information
informar benachrichtigen
informarse informieren, sich
inglés englisch
iniciar anfangen
inmediato sofort
inocente unschuldig
insecto Insekt
inteligente klug
interesante interessant
interesarse por interessieren, sich (für)
internacional international
invierno Winter
invitación (w) Einladung
invitar einladen
inyectar impfen
ir en avión fliegen
ir* gehen
isla Insel
izquierda links

J

jabón (m) Seife
jamás niemals
jardín (m) Garten
jefe (m) Chef
jeringa Spritze
joven (m) Junge; jung
jovencita Mädchen
jugar spielen
juguete (m) Spielzeug
junto zusammen

L

la otra vez nächstes Mal
labor (w) Geschäft (Tätigkeit)
lado Seite (örtl.)
lago See
lámpara Lampe
lancha de vela Segelboot
lancha Boot, Motorboot
lápiz (m) Bleistift
largo lang
lastimado verletzt
leer lesen
legar a ser werden
lejos fern
lengua Sprache
lenguaje Dialekt
lentes (m, Mz) Brille
lento langsam
letra Buchstabe
levantar heben
levantarse aufstehen
ley (w) Gesetz
lgodón Watte
libre frei
libro Buch
limpiar sauber machen
limpio sauber
listo fertig
liviano leicht (nicht schwer)
llanta Reifen
llave (w) Schlüssel
llegada Ankunft
llegar (en) ankommen
llegar kommen
lleno satt, voll
llorar weinen
lluvia Regen
lugar (m) Ort, Stelle
lugares de interés (m, Mz) Sehenswürdigkeiten
luz (w) Licht

M

madera Holz
madre, mamá Mutter
maestro, maestra Lehrer(in)

mal schlecht
maleta Koffer
mañana morgen/Morgen, Vormittag
mandar a traer bestellen
mandar schicken
manejar fahren
manta Decke (Bett)
mapa (m) Karte, Landkarte
mar (m) Meer
marchar wandern
marido Ehemann
más de über (Menge)
más o menos etwa (ungefähr)
más mehr
matar töten
mecate Seil
medicina Medikament
médico Arzt
medio ambiente Umwelt
mediodia Mittag
mejor besser
mentir lügen
mercadía Ware
mercado Markt
mes (m) Monat
mi, mis mein/e
miedo Angst
mientras während
minuto Minute
mirar sehen
mismo selbst
mitad (w) Hälfte
moda Mode
mojado feucht, nass
molestar stören
montaña Berg, Gebirge
monumento Denkmal
morir* sterben
mostrar zeigen
moto (w) Motorrad
motor (m) Motor
muchas veces oft
mucho viel
muerte (w) Tod
muerto tot
museo Museum
música Musik
muy trabajador fleißig

N

nacionalidad (w) Nationalität, Staatsangehörigkeit
nada nichts
nadar schwimmen
nadie niemand
natural natürlich
naturaleza Natur
necesario notwendig
necesitar brauchen
negociar feilschen
negocio Geschäft (Laden)
nieto, nieta Enkel(in)
niño Kind
nivel (m) Etage
no nein, nicht
noche (m) Nacht,
nombre (m) Vorname, Name
normal normal
norte (m) Norden
nosotros, nosotras wir
noticia Nachricht
nuestro, nuestra unser(e)
nuevo neu
número Nummer
nunca niemals

O

o oder
ofender beleidigen
oficina de correos Post(amt)
oficina Büro
oir* hören
olvidar vergessen
opaco dunkel
operador (m) Vermittlung
oración (w) Satz (Grammatik)
ordenar bestellen
organizar organisieren
órgano Organ
oriente (m) Osten
oro Gold
oscuro dunkel
otoño Herbst
otra vez noch einmal

P

paciente (m+w) Patient
padre (m), papá (m) Vater
padres (m, Mz) Eltern
pagar bezahlen, zahlen
página Seite (Buch)
país (m) Land
paisaje (m) Landschaft
pájaro Vogel
palabra Wort
palacio Palast
pan (m) Brot
papel (m) Papier
papel higiénico (m) Toilettenpapier
paquete (m) Paket
paquetito (m) Päckchen
par (m) Paar

para für; um zu ...
parada Haltestelle
paraguas (m) Regenschirm
parar anhalten
pararse stehen
parecer gefallen
pared (w) Wand
pareja Ehepaar
parque (m) Park
parquear parken
partir abreisen
pasado mañana übermorgen
pasaje (m) Fahrpreis
pasaporte (m) Ausweis, Pass
pasear spazierengehen
pasillo Bahnsteig
pasta dental Zahnpasta
pasteles (m, Mz) Gebäck
pastilla Tablette
pausa Pause
pavor Angst
paz (w) Friede
pecho Brustkorb
pegar schlagen
pelear streiten
película Film
peligroso gefährlich
pena Strafe
pensar* denken
pequeño klein
perder* verlieren (Dinge)
perderse verirren, sich
perezoso, faul, träge
periódico Zeitung
periodista (m+w) Journalist
permiso Erlaubnis
permitir erlauben
pero aber
persona Person
pesado schwer
pescado Fisch
peso Gewicht
pez (m) Fisch
picante scharf
pie (m) Fuß
piedra Stein
pieza Stück
pintar malen
piso Etage
pisto Geld
plan (m) Plan
planta Pflanze
plata Silber
plática Gespräch
playa Strand
pobre arm
poco wenig
poder* können, dürfen
policía Polizei
política Politik
poner* legen, stellen
por allá dorthin
por atrás zurück
por completo alles
por eso darum, deshalb
por lo tanto deshalb
por todos lados überall
por damit; wegen
porque weil
¿por qué? warum
posible möglich
posición (w) Lage (geogr.)
precio Preis
pregunta Frage
preguntar fragen
preparar vorbereiten
presentarse (a) vorstellen, sich
prestar a verleihen (an)
prestar de leihen, sich (von)
primavera Frühling
principiar anfangen
privado privat
probar, kosten (probieren)
problema (m) Problem
profundo tief
programa (m) Programm
prohibido verboten
pronto bald
pronunciación (w) Aussprache
propiedad (w) Eigentum
propina Trinkgeld
proponer* vorschlagen
prueba Beweis
pueblo Dorf; Volk
puente (m) Brücke
puerta Tür
puerto Hafen
puntual pünktlich
pus (m) Eiter

Q & R

que als (Vergleich), dass
¿qué? was
quedarse bleiben
quejarse beschweren (sich)
quemar brennen
querer* wollen
quién? wer
quitarse ausziehen (etwas)
quizás vielleicht
radio (w) Radiogerät
rápido schnell
raro selten
rebajo Ermäßigung
recibir empfangen; erhalten
recoger sammeln
recomendar* empfehlen
reconocimiento Trinkgeld
recordarse erinnern, sich
recto geradeaus
recuerdo Andenken

refrigerador (m) Kühlschrank
regalo Geschenk
registrar registrieren
regreso Rückfahrt
reirse de lachen (über etwas)
reloj (m) Uhr
remedio Medikament
remolcar abschleppen
reparar reparieren
repetir wiederholen
repuesto Ersatzteil
reservación (w) Platzkarte
reservar buchen,reservieren
respuesta Antwort
restaurante (m) Restauran; Gaststätte
revista Illustrierte
rico reich
río Fluss
robo Diebstah;,Einbruch
rofesión (w) Beruf
rollo a colores (m) Farbfilm
roto kaputt

S

sábana Laken
saber* wissen
sabio klug
sabroso schmackhaft
sal (w) Salz
salario Lohn
salida Ausgang; Ausreise
salir abreisen
salir* en avión (de) abfliegen (von)
salir*, irse* (de) abfahren
salud (w) Gesundheit
saludar begrüßen
saludar(se) grüßen (sich)
salvar sparen
salveque Rucksack
sanitario Toilette
sano gesund
se man
seco trocken
seda Seide
segundo Sekunde
seguro sicher; Versicherung
sello, timbre Briefmarke
semana Woche
señor Herr
señorita Fräulein
sentarse setzen, sich, sitzen
sentimiento Gefühl
sentirse* fühlen, sich
ser* sein
sí ja; ob
siempre immer
silencio Ruhe
simple einfach
sin ohne
sobrante übrig
sobre (m) Briefumschlag
sobre (örtlich) auf, über
sociedad (w) Gesellschaft
sol (m) Sonne
solo allein; nur
soltero ledig
sombrilla Regenschirm
sonreir lächeln
sopa Suppe
sostener* halten
su, sus ihr(e)
sucio schmutzig
sudar schwitzen
sueldo Lohn
suerte (w) Glück
suficiente genug
Suiza Schweiz
suizo, suiza Schweizer(in)
suma Summe
súplica Bitte
sur (m) Süden

T

tabaco Tabak
tal vez vielleicht
tal solche(r, s)
taller (m) Autowerkstatt
tamaño Größe (Kleidung)
también auch
tardarse verspäten, sich
tarde (w) Abend, Nachmittag; spät
tarjeta postal (m) Postkarte
tarjeta Prospekt
taxi (m) Taxi
teatro Theater
techo Dach
tela Stoff
teléfono Telefon
telegrama (m) Telegramm
televisor (m) Fernsehgerät
temer fürchten, sich (vor)
temor Angst
temprano früh
tenedor (m) Gabel
tener frio frieren
tener* la fiesta feiern
tener* la gripe erkältet sein
tener* que müssen
tener* sed Durst (haben)
tener* haben
terminar aufhören,beenden
terreno Feld
teta Brust (weibl.)
tía Tante

tienda de campaña Zelt
tierno frisch (Obst)
tierra Erde
tijera Schere
tío Onkel
todavía noch
todo alles; ganz
tomar una foto fotografieren
tomar nehmen; trinken
tonto dumm
tormenta Gewitter
torre (w) Turm
trabajador, trabajadora Arbeiter(in)
trabajar arbeiten
trabajo Geschäft (Tätigkeit)
tradición (w) Tradition
traducir* übersetzen
traductor (m) Dolmetscher, Übersetzer
traer* bringen
trago Schnaps
traje de baño (m) Badeanzug; Badehose
transbordador (m) Fähre
transferencia Überweisung
tratar versuchen
tren (m) Zug
triste traurig
tú du
tu, tus dein(e)

U, V

un poquito ein bisschen
una orden Bestellung
una vez einmal
universidad (w) Universität
uno al otro einander
urgente dringend
Usted (Ez), Ustedes (Mz) Sie
vacaciones (w, Mz) Ferien, Urlaub
vacío leer
vacunar impfen
valer* kosten (Preis)
válido gültig
valle (m) Tal
vasija Gefäß
vaso Glas
vehículo Fahrzeug
venda Binde
vender verkaufen
veneno Gift
venir* kommen
ventana Fenster
ver* sehen
verano Sommer
verdadero echt
verdura Gemüse
verse* verabreden (sich)
vestido Kleid
vestimenta Kleidung
viajar reisen
viaje (m) Reise
vida Leben
vidrio Glas (Material)
viejita, viejito Alte(r)
viejo alt
viento Wind
visita Besuch
visitar besuchen, besichtigen
vivir leben, wohnen
volar fliegen
voz (w) Stimme
vuestro, vuestra euer(e)

Y, Z

y und
ya schon
yate (m) Motorboot
yo ich
zapato Schuh

Die Autorin

Regine Rauin, Jahrgang 1963, reist schon seit vielen Jahren begeistert in der Weltgeschichte herum. Wie wichtig es ist, die Landessprache zu sprechen um in näheren Kontakt mit der Bevölkerung zu kommen, wurde dabei immer wieder deutlich. Bei ihrem ersten Costa Rica-Urlaub verliebte sie sich so sehr in Land und Leute, dass sie Ihren Beruf als Innenarchitektin zeitweise an den Nagel hing und für ein Jahr in Costa Rica blieb.

Durch das Zusammenleben und -arbeiten mit verschiedenen costaricanischen Familien lernte sie das einheimische Spanisch mit all seinen Besonderheiten kennen und schätzen. Die menschliche Wärme und die Lebensfreude, die sich in der Sprache wiederspiegeln, haben sie so sehr beeindruckt, dass weitere Reisen nach Costa Rica und in die angrenzenden Länder geplant sind.